能力变现

从个体赋能到组织绩效提升

孙科柳　刘佳明　著

中国人民大学出版社

聚焦人力资源工作的高价值区域

构建从自我学习到组织发展的高速通道

前言

在快速变化的市场环境中，在充分竞争的领域，仅仅靠管理者的优秀经验是不够的，只有少数人学习也是不够的，重要的是要激活组织能量，让整个组织都处于持续学习的状态中。因此，近年来，越来越多的企业开始重视学习型组织的建设，为员工提供各种各样的培训活动，或是成立企业大学，试图以此来不断激发员工的学习热情，提升其自主学习能力，改善工作行为并作出绩效改变。

但是企业为员工提供的诸多培训活动，很少能真正转化为组织业绩的提升。究其原因，一方面，有些培训活动尚未融入业务场景中，员工在这个过程中所学到的知识难以运用到工作中去；另一方面，由于缺乏对培训工作的纵深挖掘，企业难以构建出符合业务场景需要的赋能动作，做不到促进员工的行为转化和绩效提升。任正非曾说，茶壶里的饺子，倒不出来就不算饺子。即使能力再强，也需要工作绩效来体现。因为企业是一个营利性组织，员工只有作出实际贡献，为企业带来利润增长，才是能力的体现。

如何让学习活动与组织赋能相融合？如何实现从个体的成长到组织的赋

能？如何将学习活动与企业的战略目标、业务发展紧密结合在一起？如何将员工角色从受训者转变成学习建设者？如何实现低成本的学习？很多企业培训工作者对于这些问题很少进行系统化的思考，自然也就没有一套行之有效的解决方案。

尽管也有部分企业培训工作者在这方面进行了深入研究，做出了一定的成绩，但是仍然还有很多人在寻找新的方法和思路。多年的培训与咨询工作经历，让笔者对组织赋能工作有着更加深入的了解。在这样的前提下，笔者所在团队展开了如何实现组织赋能的研究工作，通过对其他企业优秀实践经验的总结、借鉴和分析，来告诉众多企业培训工作者和企业大学管理者，如何才能实现从个体的成长到组织的绩效改进，进而实现员工和企业的双赢。

本书对培训工作者如何为组织赋能的逻辑和方法进行了系统梳理，同时也参考了国内外许多企业和学者的实践经验，以及结合了笔者的培训与咨询管理工作经验。本书按照打造学习驱动力、激发个体学习兴趣、裂变式学习运营管理、寻找最佳学习实践、行为改变和绩效强化、从个体经验到组织资产、打造裂变式学习社群这七个方面，对组织赋能工作进行了深入浅出的解读。

相信笔者所总结的这些理论对其他培训工作者做好组织赋能工作也会有所帮助。当然，笔者总结出的这套逻辑和行动方案也只能为各位读者提供参考和借鉴，在企业经营管理过程中，还得具体问题具体分析。尽管在细节上存在不同，但理论还是通用的。书中的每一个知识点，都是笔者工作多年总结出来的经验，希望对广大读者朋友有所帮助。

在写作本书的过程中，笔者得到了诸多管理学专家、高校教师、企业培训师以及一线管理者的大力支持和帮助，在此一一表示感谢。

衷心希望这本书能够给企业培训工作者和其他读者朋友们提供一些积极的思考和启发。当然，笔者也深知水平有限，本书的论述难免有不足之处，还希望读者朋友提出宝贵的意见和建议。

作者

2019 年 8 月

目录

**第 3 章
裂变式学习运营
管理**

第 5 章
行为改变和绩效
强化

第6章
从个体经验到
组织资产

**第 7 章
打造裂变式
学习社群**

第1章
打造学习驱动力

在知识快速陈旧、快速迭代的当下，对于企业来说，强大的学习力就是核心竞争力。企业学习驱动力的打造，不再是人力资源或是企业大学工作者的单一意愿，而是组织经营的需求，是推进组织创新、创造、持续进步的源泉。

1. 组织经营的需求

越来越多的组织人员开始意识到过去的知识、战略、领导力和技术将无法带来明日世界的成功。显而易见的是，组织如果要在一个充斥着并购、技术飞跃、社会变革以及白热化竞争的环境中成功发展，就必须加强学习能力。

1.1 组织的竞争终究是人才的竞争

1997年，麦肯锡公司在《人才战争研究》中首次提出"人才管理"的概念。人才管理毫无疑问已经成为企业的核心竞争力。进行人才管理，光引进人才是不够的，培养人才才是企业经营以及人力资源工作的核心。国内外的大型企业，像通用电气、宝洁、海尔、华为等公司采用了一系列缜密规划的流程去分析、了解、塑造和培养人才。

华为是国内最早提出人力资本优先发展战略的企业。《华为公司基本法》提出企业家和知识创新者是企业价值创造的主导因素，人力资本的增长要优于财务资本的增长。这种理念和战略的提出，使得华为取得了有利于企业发展的人才优势。

任正非创业时东拼西凑了 2.1 万元作为创业资本，到现在华为已经成为年营业收入超 7 000 亿元人民币的国际知名企业。华为从一创立就承认和重视知识资本的价值，吸引了一大批知识分子投身于华为的事业，通过文化融合使得这些追求个性化的知识型员工能抱团打天下。

创业伊始，任正非就主动到华中理工大学、清华等高校邀请老师带学生去华为参访并寻求技术合作，招揽人才，这就奠定了华为成长的人才基础。现在华为的高管团队大部分是 1989—1995 年改革开放后最早的一批名牌大学的硕士、博士。

人才不仅是企业的资源，还是企业发展的种子，对人才的管理关系到企业的成败。人力资源管理的各个环节，包括招聘、绩效考核、薪酬管理、培训等无不服务于企业的人才培养建设，让人才为组织经营贡献他们的光和热。

宝洁集团的前任董事长理查德曾经说过："如果你把我们的资金、厂房及品牌留下，把我们的人带走，宝洁公司就会垮掉；相反，如果你拿走我们的资金、厂房及品牌，而留下我们的人，十年之内我们将重建一切。"一直以来，宝洁公司都将人才视为最宝贵的财富，连续稳定地培养着各个岗位的人才。

作为世界 500 强之一的宝洁集团，在国际上被誉为"管理的大学""商业精英的摇篮"。在过去的 50 年中，公司所有总监以上的职位都是从内部提拔上来的。员工在进入公司后，管理者非常重视员工的发展——通过工作中直线经理一对一的指导，员工会得以迅速成长。

而管理者也要把人才培养工作重视起来。一些管理者认为，培养人才不但耗费时间和精力，而且在短期内看不到很明显的效果，不如奉行"拿来主义"，直接引进人才。其实，引进人才是没错的。但是，公司在吸收了新鲜血液之后，要对人才多加培养，这样，"百里马"才能成为"千里马"，管理工作才会因"千里马"的存在而更加轻松。

组织的竞争终归是人才的竞争。组织要想让自己在时代竞争中处于领航地位，就需要培养、发展与稳定人才。光引进人才是不够的，怎样稳定人才，保持人才的核心竞争力呢？这就需要组织营造良好的学习氛围，做好人才发展规划，激发员工内在潜力，让员工的个人成长与企业的发展融合。

1.2　为人才赋能，激发内在潜力

很多年轻人步入了职场，虽然他们都接受过高等教育，技术娴熟，但缺少实践经验。太多的求职者属于跨专业就职，即便是本专业就职的员工，随着知识更新迭代，同时企业的工作环境也更复杂，许多人都不具备岗位所需的背景知识、工作习惯和社交技巧。同样，对于职场老手，身处更高级别的管理岗位，很多管理者也缺少足够的培训或经验，许多人不知道自己哪里有欠缺。这对他们的职业生涯及对下属的管理和整个企业的发展不利。

组织怎样激发员工的内在潜力，为人才赋能？这就需要组织随时根据人才的需求对学习方式进行重建。有才华的个人渴望投身到工作中，接受各种作业和指导，通过学习培养多元能力。

任正非在华为大学教育学院座谈会上谈到，我们华为大学就是要造就培养成千上万的接班人，我们大规模的人都要上战场。我劝你们去看看这些在"战争"中成长起来的优秀人才和他们后来的转型。大家都看过《国家命运》这部电视剧吧？那和我们公司很像的，国家命运里都是应届生把两弹一星搞出来的。你学力学的，搞导弹去；你学化学的，搞原子弹去，原子弹啥样子都不知道。华为公司你看是不是也是这样？华为公司在这样的条件下成长起来以后呢，现在要转型，一定要从这样的草莽英雄变成职业经理人。那么借助的工具就是华为大学，希望你们承担起这个使命来，把我们这些草莽英雄培养成优秀的职业经理人。

我们都知道"精英人才向往为精英客户效力"。卓越的组织都知道要想让员工成为精英人才，那么自己的组织必定是能够激发员工潜能、让员工有其发展舞台的精英组织。组织要意识到激发员工内在潜能的意义，不仅能让员工的职业生涯更加丰富与广阔，发挥其才干，而且为组织培养了一批强有力的骨干。这是一举两得的事情。

松下公司的管理层意识到，一个组织的经营不可局限于管理者一个人，而要依靠全体员工的智慧。而要想让员工有智慧为企业所用，那么就必须首先保证员工本身具备一定的能力。因此，松下幸之助非常重视员工能力的培养，长期为员工开设全方位的培训课程。

总体而言，松下的员工培训工作具有以下几个特点。

（1）注重人格的培养。松下认为，之所以内部出现混乱，一个很重要的原因是组织忽略了对员工作为社会人的人格锻炼。

（2）注重精神教育。松下认为，对员工进行精神教育，能够让员工了解组织的价值观、经营使命和发展目标，从而培养员工对组织在价值上的认同。

（3）重视培养员工的专业知识。没有扎实的专业知识，员工很难做好自己的工作。因此，对员工进行专业知识的教育是提升员工自身素质的前提。

（4）训练员工的细心与耐心。由于产品质量关乎企业的声誉，培养员工的细心和耐心变得极为重要。员工在工作中出现一个小的差错都可能导致很严重的后果。

（5）培养员工的竞争意识。企业需要未雨绸缪，需要在各个方面比竞争对手做得更好。组织要想具有强大的竞争优势，必须拥有一批有强烈竞争意识的员工。

（6）重视协作精神的培养。在社会化大生产时代，只有汇集每一位员工的聪明才智，让员工之间形成良好的协作关系，企业才能赢得事业的发展。

正是这种全方位的培训机制，使得员工得到了技能和素质的双向提升，这些也为松下的快速发展奠定了坚实的基础。

组织应该着力全面激发员工潜能，为员工职业发展提供量身定做的支持。尊重员工的精神及经济诉求，同时也要积极倡导员工共同承担学习责任，这不仅能缓解员工学习压力所带来的焦虑，而且能够帮助员工持续成长、学习，最终最大限度地实现自我价值。

1.3　改善业务成果，实现绩效提升

组织不是为了学习而学习，组织本身有其合理的利益诉求。有些组织很重视培训学习，投入了大量的人力、物力，调动员工参与培训的热情，但是对于员工个人的业务成果及组织的绩效提升并没有太大改进。这也是很多企业较为沮丧的问题。几十年来，大量的研究表明，单纯的培训学习对于绩效

的改善都不尽如人意。工作绩效主要受三方面因素影响：员工自身、工作内容、职场环境。而这三个方面又会受到企业所处的政治和商业大环境（社会环境）的影响，如图 1-1 所示。

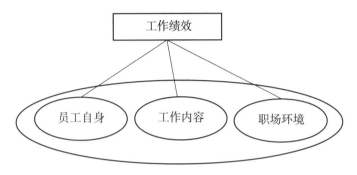

图 1-1　影响工作绩效的因素

员工自身的个人技能、预期、个性特征、经济压力等，员工对于工作流程和步骤的熟悉程度等，员工的上级领导对学习及创意持积极还是消极的态度，组织的文化氛围、价值观、激励机制等，这些都跟员工的绩效相关。同时影响绩效的因素还包括培训设计、学以致用的机会等。

因此，组织要改善业务成果，实现绩效提升，需要创建一个良好的学习氛围；将学习与组织管理和业务流程融为一体；创建并推行有利于知识传播与分享的激励机制；为员工提供发展技能和改善心智模式的自主学习机会……这一切都需要打造一个具有学习驱动力的组织，让学习活动输出高价值，产生好结果。

任正非把能力的交付作为对华为大学的评价标准。他强调，华为大学是一个教学的交付平台，为教育的目标组织起优质交付。对华为大学的政策是，你把钱消耗掉，把能力培养出来。我不会拨款给你们，因为拨款会用完的。你们从受益学员中赚了钱，又投入到为受益学员服务中去。我要看的是你给公司提升了多少能力，包括显性的表现和隐性的表现，表现在哪些地方，华为大学为什么在华为公司是必然要存在的，能存在下去的原因是什么。这样的话，我就觉得牺牲了钱，能换来能力的提升。

摩托罗拉大学在创办之初，就将改善业务痛点定为办学方向。为了使培训更切合实际，摩托罗拉推出了大量的在岗学徒项目。劳动经济学家安东尼·卡利威尔表示，摩托罗拉的培训项目与公司战略高度契合，它的培训项目是为了解决绩效难题，而不仅仅是建一所学校。

这样的企业大学，不同于传统的企业教学培训，学员或是员工不再是被动的接受者，不再是为了培训而培训。通过对接业务目标和学习活动，既能够快速改善业务痛点，解决实际问题，也符合学员改善工作方法和提升绩效的需要。这样一来，不管是在学习氛围的营造上，还是学习内涵上，组织对业务内容的界定、学习设计、学习应用、学习效果等各方面都有着更清晰的目标，更有针对性，因而更能促进组织绩效提升。

2. 组织学习转化的障碍

组织的经营发展需要打造组织的学习驱动力。近年来，企业对成为"学习型组织"、创建"企业大学"的热情高涨，并且热衷于开展更多的培训和学习。很多企业领导者也意识到组织未来的成功依赖于员工学习和转化新知识、新信息的速度。但不可否认的是，学习转化对于组织来说是一个严峻的挑战。被经常引用的结论是：仅有10%的学习转化为工作绩效。低得可怜的学习转化率，让很多组织在人力资源开发方面的大部分投入都打了水漂。一般来说，组织的学习转化可能存在多方面的障碍，具体包括学习活动本身、职场人士的学习成长需求以及组织学习环境的建设和营造。

2.1 组织学习活动的考量

对于组织而言，学习活动必须要对准企业的战略目标和业务需求，培养出企业运营和管理需要的人才。因此，人力资源或企业大学工作者的首要任务是明确内外部客户的具体需求，结合当前的企业战略目标，为员工进行相应的课程体系设计及培训计划制订。也就是说，当前企业的学习活动更加强调与企业战略和文化的一致性。

很多组织的学习转化率低只是表象，根本原因是组织的学习活动本身未达标。根据美国卡耐基梅隆大学软件工程学院开发的企业培训成熟度模型，从培训组织机构、培训课程体系、培训队伍建设、培训支持体系四个维度，对企业培训的成熟度由低到高、从一级到五级进了描述，如表 1-1 所示。

表 1-1   企业培训成熟度模型

成熟度维度	组织体系	课程体系	讲师体系	支持体系
初级启蒙阶段	没有培训部门和培训管理员	以业务销售和技术等专业技能、经验传承为主	由企业的管理者或资深的技术骨干担任内部讲师	缺乏支持，缺少设备
体系初建阶段	有明确的培训部门和专职的培训管理员	对公司的知识和能力进行盘点和评估或者直接在素质能力模型上开始规划课程体系	开始建立公司内外部的讲师体系	培训教室、培训的电子设备、培训的信息化系统等配套设施开始建立

续前表

成熟度维度	组织体系	课程体系	讲师体系	支持体系
专业分工阶段	开始设立两级以上的培训管理机构	专业度有所提升，开始开发部分初级管理课程	讲师数量可以满足内部员工需求，开始形成良好的讲师文化	可以满足不同规模和多种形式的培训项目实施
战略发展阶段	定位为企业大学肩负起向公司内外客户合作伙伴及社会传播企业文化的责任	具备了通用类管理技能课程的开发和设计能力	内部讲师的数量达到合理的配置	完善
最佳实践阶段	持续的改变	内部开发的精品课程不断增多，已经成为公司的品牌和知识产权管理的一部分	讲师体系庞大，大学教授、专业人士、成功的企业家都会成为他们的内部讲师，讲师文化非常棒	这样类型的在国内都属于数一数二的企业，尤其是标杆企业和跨国企业比较多

事实上，国内虽然有众多的企业建立了企业大学，但是其定位和运作模式有相当一部分仍然不够清晰，仅仅是因为时下的潮流而创建企业大学，并未考虑到企业自身的发展阶段和实际需求，如自身规模、培训课程建设、资金来源、盈利空间等。因此，国内的许多企业大学大多模仿国际上知名企业的企业大学的运作模式，这就导致一些企业大学实际上并不能满足自身业务发展的需要。

浔兴学院院长李亚辉在其一篇研究民营企业大学运营模式的文章中便举了浔兴学院的一个例子，他说："浔兴学院盲目引进的多个领导力课程是在学习西门子管理学员的经验，但这些不是现阶段的关键需求。"

相比之下，安踏学院就准确地把握住了自身的需求。安踏学院起初主要对企业内部员工进行培训。然而，当安踏公司开始大规模进行渠道分销时，安踏学院便随即改变其运营模式，将重心放在渠道的培训上来。这是一个企业大学比较成功的案例。

企业培训的成熟度是与企业自身的发展、壮大密不可分的。企业能否投入时间、精力、金钱来进行学习活动的设计，直接影响员工的参与热情、学习效果。因此，组织必须坚定地基于业务和管理实践的需求来管理学习活动，也就是说，组织需要什么样的人才，我们就具有设定相应的课程计划来培养人才的能力。

2.2 职场人士的学习成长需求

大多数员工每天做着自己的工作，觉得对自己身处的组织没有任何影响力。这种不思进取、放弃自我成长的状态也是影响学习转化的另一因素。彼得·德鲁克有这样一句名言："发展归根结底就是自我推动。如果企业认为自己承担着发展的责任……那肯定是在夸夸自谈。这份责任最终是个人。"

腾讯学院院长马永武说："一个实施良好的 E-Learning，应该不是简简单单的一个在线学习方式和堆积课件的平台，而应该借助这个系统能够彻底优化和改善培训管理的流程，并且更重要的是能够帮助企业营造知识分享、知识管理的体系，在企业内部建立学习型组织。"

Q-Learning 平台为每个员工都配置了"个人学习地图"，"个人学习地图"将员工的个人职级、通道、素质模型与课程匹配，员工进入系统就可以知道自己该学习什么课程。"公司学习地图"则将整个公司的职级、通道、素质模型与课程匹配。这样，员工可以根据"公司学习地图"确定自身的发展方向和目标。

员工知道应该学什么课程，而借助于平台，培训部门也知道应该开设什么样的课程。腾讯在各业务部门都配备了系统培训管理员，他们主要的任务是了解各业务部门的培训需求，并及时与培训部门进行沟通和反馈。为了配合腾讯的发展战略，培训部门还会主动分析和研究业务部门的潜在培训需求。这样的培训课程受到了员工的普遍欢迎，为组织营造了良好的学习氛围。

腾讯公司通过培训积极地促进员工个人的成长，将组织的发展与个人的学习成长需求结合起来。这样的学习活动调动了员工的积极性，有利于组织的学习转化。如果组织的学习活动难以匹配员工个人的学习成长需求，或是不考虑员工的学习成长需求，这样的学习活动必定会遇到学习转化的障碍。

华为曾经做过内部员工的职业规划方面的访谈，让华为感到意外的是，对大部分员工而言，薪酬福利虽然是企业吸引人才的最常规的因素，但其实也是最不堪一击的挽留人才的手段。对于更多员工而言，薪酬福利、组织气氛、企业文化、企业发展等都只是他们在选择企业时的参考因素，个人的前途才是员工真正关注的核心问题。

年轻气盛的孔令贤刚加入华为的时候，满脑子都是点子，一心想做出一番事业，但他觉得华为的管理制度太严格，条条框框太多，限制了自己的发挥，打算出去证明自己的实力。后来，他的主管发现孔令贤点子多，对新事物感兴趣，就鼓励他做新技术的预研，选择一项他感兴趣的技术扎进去。之后，孔令贤了解到还没有华为的人加入开源技术社区 OpenStack。他开始坐下来静心研究，一心扑在上面，潜心钻研技术，与世界顶尖专家交流、分享。他的努力没有白费，他是华为进入 OpenStack 社区的第一人，在社区上发表专题文章 150 余篇，并成功带领一支能够将开源和商业成果相结合的团队成为 OpenStack 社区的核心成员，让华为成为 OpenStack 金牌会员。

2014 年，孔令贤被华为破格提拔。非常有意思的是，被提拔成为 PL 的孔令贤并没有在这一岗位上待多久，而是在 2015 年辞职离开了华为。孔令贤认为当一个管理者把太多精力都花在与技术无关的事务上，而他并不热衷于管理，他更希望从事技术工作，做一个技术专家。

我们在设计学习活动时一定要考虑到员工个人成长的需求。因此，组织的学习活动要联系员工的学习特点，注重实用性，学习要跟员工日常工作相联系，以解决工作问题、提升业绩为目标；学习需发挥员工的自主性与积极主动性，培训可采用角色扮演、实践练习等多种方式，加强反馈强化，以符合成年人的学习原理。

2.3　组织学习环境的建设和营造

影响学习转化的第三个因素是组织的氛围。罗茜·巴哈尔·休尔森在康奈大学担任行政总监时讲道："领导的话和培训的内容并不重要，除非企业的文化和价值观深深地影响了员工的日常行为方式和交流方式。如果言行不一致的话，那些振奋人心的演说、引人深思的价值观，还有那些精心设计的培训，不仅不能带来积极的影响，甚至会造成负面影响。"

克罗顿维尔，即杰克·韦尔奇发展中心，通用电气公司早期管理变革的策源地、培训基地，它为通用电气培养了许多管理人才，在通用电气迈向最伟大公司的过程中发挥了巨大作用。《福布斯》杂志称其为"美国企业界的哈佛"，是世界上第一个大公司的管理学院。

杰克·韦尔奇上任之初，对通用电气公司各方面都进行了大幅度的预算削减，却唯独对克罗顿维尔投入更多。韦尔奇希望把克罗顿维尔建设成创新思维的传播中心，吸引更多优秀的人才会聚于此。在克罗顿维尔，经理们不用担心等级关系，他们可以直接与韦尔奇进行沟通和交流，传递出最真实的信息。在韦尔奇的努力下，克罗顿维尔成为推动公司文化变革的传播场。

在克罗顿维尔开设的课程中，也有韦尔奇的课程，他非常喜欢去上课，他说："这里已经成为人们学习和分享全世界最佳实践经验的地方。"克罗顿维尔把人们对知识的渴求和具体的实践结合在了一起。在这样的学习环境中，通用电气公司的管理经验让很多人终身受益，以至于他们从通用电气公司出去以后，仍然觉得曾经能够在通用学习是一件非常幸运的事。

文化胜过一切，越来越多的企业领导人意识到文化的力量，领导应该对企业文化负责。因此，企业大学的功能不再是单一的，更多地承担起企业文化传承的功能。企业的学习氛围也会影响到学员参加学习活动以及将所学应用到工作中的积极性。

华为奉行"不断学习"的思想，要求员工善于不断学习，在组织内营造了良好的学习氛围。

第一，强调"终身学习"，即华为倡导员工终身学习，认为这样才能形成组织良好的学习气氛，促使企业上下在工作中不断学习。如任正非，虽然他已经 70 多岁，但仍然每月读 15 本书。

第二，强调"全员学习"，即企业上下都全心投入学习，尤其是经营管理决策层，他们是决定企业发展方向和命运的重要阶层，因而更需要学习。

第三，强调"全过程学习"，即学习必须被贯穿于企业组织系统运行的整个过程之中。

第四，强调"团队学习"。华为不仅重视个人学习，更强调企业全员的合作学习和群体智力的开发。在华为，项目小组是最基本的学习单位，项目小组本身应理解为彼此需要他人配合的一群人，其学习目标也是面向群体目标实现而设计的。

总体上说，华为的学习型组织主要要求员工通过保持学习的能力，及时铲除发展道路上的障碍，不断突破组织成长的极限，从而保持持续发展。

创新思维、经验分享、信息沟通都有助于组织学习氛围的营造，帮助员工实现快速成长。任何组织如果能够关注员工的个人成长，并以此作为推动企业发展的重要力量，组织没有理由不走向强大。

3. 学习型组织的发展

组织业务环境的变化、经营发展的需求正是催生学习型组织的驱动力。众多企业都意识到，如果想要在这个竞争激烈的时代取得并保持竞争优势的话，它们需要发展更高水平的学习能力，使组织内部所有个人和团队能大幅度提升适应力和生产力，更好、更快地从成败得失中汲取经验。经验和研究表明，如果组织在其成为学习型组织的过程中考虑学习型组织的建设、氛围营造、成立多元化学习小组这三方面的话，将会更快、更顺利地实现目标。

3.1 重视学习型组织的建设工作

为了应对日益激烈的全球化竞争，越来越多的企业开始将自身打造成学习型组织，希望通过学习，能够持续有效地从内外部环境中获取关键知识，构建自身的核心竞争力。从通用电气公司创办全球第一家企业大学开始，国内外许多企业纷纷效仿其做法，创办了越来越多的企业大学。

尽管很多企业都创办了自己的企业大学，但是从职责、战略定位上来看，各有不同。具体来说，这些企业大学可以分为三种类型：第一类是只承担传统培训职责的企业大学，如联邦快递企业大学、惠普商学院等；第二类是以提供帮助组织进行变革转型的课程为主的企业大学，如阿莫科石油集团的企业大学等；第三类是帮助企业进行前瞻性研究的企业大学，如摩托罗拉企业大学等。事实上，企业大学作为学习和知识管理中心，应该同时承担培训、变革管理和战略思考这三种职责。

从众多企业大学的组织架构来看，企业大学组织结构的类型分为三种，包括独立并行型、从属型和交互型。

大部分企业都采用独立并行型的组织结构，如通用电气、爱立信、中兴通讯、招商银行、万达集团等。其主要特点是企业大学与人力资源部是两个独立并行的机构，并且是平级的。企业大学的负责人（校长）与人力资源部的负责人不存在从属关系，他们共同向更高一级的管理者汇报。因此，独立并行型组织架构的企业大学在管理上具有很高的独立性。比如通用电气设立了首席教育官，他直接向通用中国区董事长汇报，而培训发展中心则与人力资源部平级，如图 1-2 所示。

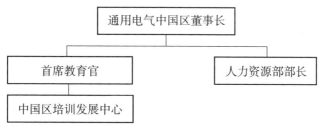

图 1-2 通用电气培训体系结构图

也有些企业大学使用的是从属型组织结构，国内使用从属型组织结构的企业有海尔集团、蒙牛集团等。从属型的组织结构的主要特点是企业大学从属于人力资源部门，企业大学的负责人通常由人力资源部门的负责人担任，或者由人力资源部专门负责培训的管理者担任。例如海尔大学是人力资源开发中心的下属机构，是培训工作的具体实施机构。人力资源开发中心的主任是集团培训体系的负责人，并向集团最高层汇报，如图 1-3 所示。

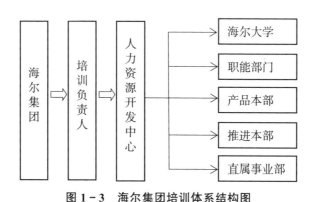

图 1-3 海尔集团培训体系结构图

还有就是交互型组织结构，这一类型国外的企业大学用得比较多，目前，国内使用这种组织结构的有华为大学。可以说，华为使用交互型组织结构也是充分考虑到自身管理的实际情况以及自己的需求才如此设置的，如图1-4所示。

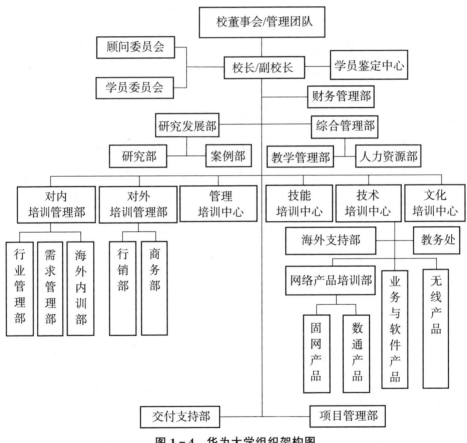

图1-4 华为大学组织架构图

交互型的组织结构既有利于打通企业大学与人力资源部门的部门"墙"，保持高效的协同，同时也在一定程度上使企业大学保持独立自主的运行模式，企业大学也能适时根据外部需求调整自己的培训课程和培训方式。

当然，对于企业来说，无论使用哪种组织结构模式，都必须结合自身的实际情况和业务需求来设置企业大学的组织模式，以更好地发挥企业大学为业务发展而培养人才的功能。学习型组织要建立在满足学习需求的基础上，组织结构要体现出灵活、开放、自由等特征，打破部门界限，从而促进信息充分自由流动。当任务、需求和人员发生变化时，组织结构也随之发生变化，以有效应对外界的变化，从而保持组织的持续成长。

3.2　打造自主学习文化氛围

大多数员工仍处于一种专制及高度依赖性的组织关系中，感觉到被管理和监控，这样会造成员工在工作中常常表现出心智、技能、自我认知的不足，同时，员工参与学习并作出改变的意愿也不强。在这种环境下工作的员工，很难学会如何自觉、自愿地实现学习循环，即将所学付诸行动，再从行动中总结经验。组织中的每个人都需要开发心智和提升技能的自主学习机会，这将有助于组织的生产力提升和持续发展。

2015 年，华为鼓励公司上下开展"自主学习，提升能力"的全员学习活动，恰逢华为对供应链提出更高要求之际，华为西非供应链开始组织大家开展全员自主学习活动。

当时，华为的西非供应链面临的最大问题是要为重点优质客户作出最佳的供应业务战略，并分析出客户的真正痛点，提供使得保税仓、订单可视化等交易体验提升的整体方案。这也就意味着，华为西非供应链的员工要快速提升自己的业务技能，将方案转化为实实在在的成果。

为了迅速展开自主学习活动，让全体成员快速适应业务需求，华为西非供应链组织召开了大型会议，让全体成员通过自我批判、头脑风暴和业务沙盘演练等方式识别出各自的业务短板，并将员工按照订单内控、管理、仓储、物流、清关五大业务模块分组，每组配备一名导师提供专业知识的答疑和技术指导，让每个组的成员通过实践和学习快速成长。

自此，华为西非供应链的各个学习小组的成员都以组为单位，积极参与到每周的供应链大讲堂中，通过自主学习快速补齐最新业务知识短板。除了在大讲堂上积极学习之外，各组成员学习氛围浓厚，在晚上回到宿舍之后还会展开热烈的讨论和互相学习。在自主学习过程中，西非供应链的员工逐渐掌握了供应链业务的工作方式，为组织作出的贡献也越来越大。随着西非供应链的学习氛围渐浓，西非供应链的组织凝聚力也逐渐加强，团队的战斗力也越来越强。

组织中的自主学习氛围彰显着一个组织的竞争意识与价值体系。学习不仅是知识的传播，还是组织的"试验场"、创新创意中心及孵化中心。一个积极、创新、自由、开放、向上的组织肯定有着良好的学习氛围，能充分发挥员工的自主意识。

在发挥员工自主学习意识方面，有学者提出组织的学习活动应该提供机会让每个人都学会如何实现一个完整的学习圈。大卫·库伯认为经验学习圈是由四个适应性学习阶段构成的环形结构，包括具体经验、反思性观察、抽象概念化、主动实践，如图1-5所示。具体经验是让学习者完全投入一种新的体验；反思性观察是学习者在停下的时候对已经历的体验加以思考；抽象概念化是学习者必须达到能理解所观察的内容的程度并且吸收它们使之成为合乎逻辑的概念；到了主动实践阶段，学习者要验证这些概念并将它们运用到制订策略、解决问题之中去。

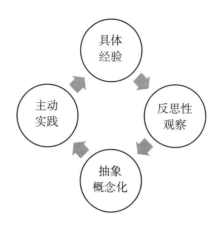

图 1 - 5　经验学习圈模型

"经验学习圈"模型（具体经验、反思性观察、抽象概念化和主动实践）及其步骤是日常工作中每个人都会经历的过程。我们应该对这一学习过程的每个环节都很熟练，并具备自我指导能力，这样才能激发组织全员的学习潜能。

3.3　建设多元化的学习小组

要满足组织不同人才的发展需求，就需要在组织内建设多元化的学习小组。多元化学习小组的建立需具备全面、灵活和可升级的技术基础，管理层、员工、客户群体和社群整合一体化，形成利益共同体。多元化小组的建立使学习型小组能够更好理解和捕捉组织内外的人才变革和成功的需求，使组织学习能力最大化。

腾讯自成立以来，非常重视员工的学习与发展。2007 年 8 月，腾讯学院正式成立，为所有员工的学习与发展搭建平台，致力于成为互联网行业最受尊敬的企业大学。经过多年的实践，腾讯建立起多元化的学习小组，发展出多元化的人才培养模式。

新员工"导师"辅导

腾讯除了为每位新员工配一位导师，在辅导专业技能的同时帮助新人们了解腾讯文化外，还会安排他们参加一系列丰富完整的新人培训，其中有工作经验的新人会经历一个项目——"腾讯达人"访谈。新人入职的第一周可自由组合，随机采访公司内的老员工，请他们讲述在腾讯的经历和故事，感受老员工对腾讯文化的切身体会。最后，新人们要把访谈结果带到"企业文化"的课堂上，与同学们分享达人故事。经过几年的积累，将这些案例整理成书——《达人秘笈》。

核心人才需重点培养

腾讯一直都非常注重从内部发掘有潜质的员工并重点培养，特别加强对这种员工在实际工作中的岗位锻炼，以培养出一支核心人才队伍和优秀的管理人员。

2006年开始推出"潜龙""飞龙""育龙"系列，不断培养内部不同层级的储备干部。后续推出"攀登""飞跃"项目，不断培养专业技术人员中的潜才。通过行动学习、面授课程、研讨沙龙、标杆学习、压担子等多种培养形式的混合设计，全面快速地提升核心人才的相关能力。

创意马拉松

腾讯学院会定期在员工中发起创意马拉松，将有想法、有兴趣的员工组成不同的创意战队，每个战队都将经过几十个小时的连续作战来实现他们共同的创意；最后，各个战队要向公司的核心专家团汇报，评选出最优项目。这些项目可能会帮助公司的某些产品找到新的发展方向，这个活动也有效营造了公司的创新氛围。

　　组织内的多元化学习小组，不仅能满足人才的多元化发展需求，而且还是更灵活可变、更有针对性的学习形式。面对当今日益变化的环境，我们需要更丰富的学习方式，一种更加灵活、更加具有针对性、能快速提升组织绩效的新学习形式。

4. 学习驱动组织绩效改进

　　学习的最终目的在于促进员工和组织绩效的改进。如果将目标定位于组织绩效改善上，学习型组织将能驱动更多创新，提供更高水平的服务，获得更大的利润。如果企业把改善员工绩效作为第一要务，那么学习专家们将大有用武之地。工作绩效主要受员工自身、工作内容、职场环境三方面因素的影响。

4.1　转变学习方式，让员工主动参与学习

　　传统的培训形式是以讲师授课为主，员工更多的是扮演受训者的角色。对于员工来说，这种培训方式非常枯燥无味，激发不了学习兴趣。大多数员工是应付式地坐在培训课堂里，甚至以工作任务太繁忙为由缺席，学习参与度非常低。

　　如何才能破解这种困境，让员工主动参与到学习中来呢？那就需要转变思路，讲师不再是学习的主宰者，而是学习的指导者。通过改变学习方式，使员工从接受型的被动学习转变为探索型、发现型的主动学习，让他们在自主学习中积极发展各种思考策略和学习策略，获得积极的情感体验。

从 2013 年开始，海尔大学聚焦于打造开放型学习平台，让员工主动参与学习，帮助他们实现成长。过去是组织业务部门做培训规划，现在是海尔大学为项目学员搭建学习平台，让学员自己提培训需求、自己参与设计，如图 1-6 所示。学员从被动接受培训到自发形成学习社群，自主运营学习项目。

过去：企业组织、单向学习　　　现在：学员参与设计、多向学习

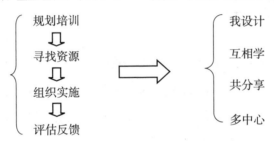

图 1-6　海尔大学过去和现在的学习模式对比

过去，海尔大学为员工提供线下的标准化课程。现在，海尔通过线上线下形式定制学习场景，实现按需定制、快速迭代。不仅学员可以定制选择学习，而且海尔大学还能够结合能力与人才发展需求智能化地推荐学习。在线上智能学习方面，通过积累用户个性化小数据，结合工作场景，匹配智能标签，实现课程智能推荐、学员按需学习。在线下场景学习方面，结合实际经营问题，设计实际工作场景，为员工提供场景化学习方案，解决实际经营难题，促进组织绩效的改进。

布罗德和纽斯罗姆提出过这样的观点：学习专家应重新定义自己的新角色，由严厉的培训师转变为致力于学员行为改变的引导师。罗奇和威克也曾这样说："讲师必须从'舞台上的圣者'变为'身边的向导'，由引导学习

变为引导绩效。"

正是基于这样的理念，"以学员为中心"的培训方式才得到越来越多的企业的重视。将以教师为中心转变到以学员为中心上来，学习才能支撑企业业务的发展。

"以学员为中心"的学习主要可以从两个方面来实现：第一，针对学员的个性需求，制定量体裁衣的培训内容和方式，有针对性地安排相适应的培训课程。有研究表明，这种定制化的学习能够最大程度地激发学员的内在潜力，发挥他们的价值。第二，针对学员必须要掌握的能力来设定课程内容，即学员在学习某项知识和技能之前，必须要掌握相关的能力，包括知识结构、素质、技能等方面的能力。只有掌握相关的能力，培训才能得以进行。

华为大学的培训课程体系是分类别、分层级向员工开放的。华为按照职位类别建立了管理类、技术类、专业类和生产类四个大类的课程体系。而每一大类的课程下进行了层次的区分，譬如，管理类基础课程分为管理类三级课程、管理类四级课程、管理类五级课程。设置了分类分级别的培训课程体系之后，培训也就有了针对性。简单来说，员工在什么岗位上，就学与之对应的课程。这样使得员工的学习有一个递进的过程，呈阶梯状上升，符合学习的一般规律，也大大提高了员工参与学习的热情。

"以学员为中心"的培训方式将学习的主动权交还给学习者本人，充分激发学习者的内在学习动机，推动他们主动去学习，避免了出现传统培训单向灌输、学员被动接受的局面。

4.2 以工作场景为导向，实现高价值转化

企业培训经常会面临这样一些情况：培训按部就班地开展，但一番折腾后，什么都没有留下，一年下来又清零；学习与应用脱节，应知应会可以秒懂，但一到具体业务中就手足无措……这些情况都说明了一个问题，员工的学习成果在实际转化中出了问题，无法将知识转化成工作业绩。

传统的培训让员工有了知识的增长，但在转化过程中存在很大的问题。如何解决呢？我们提倡应用场景化教学，以场景为导向组织学习活动，即把真实的业务场景搬到课堂上来，把原有的那些知识打散，再重新组合在一起，去解决一些实际工作场景中的问题。

2015年企业大学白皮书里针对未来会用得更多的企业培训方式进行了调研，结果只有不到三分之一的人选择标准面授，这是最传统的培训方式，同时也是占据目前培训工作最主要市场的培训方式。在这个调研中大家选择最多的是什么呢？包括移动学习、行动学习、场景化学习在内的这三种学习技术，是多数人的选择，占比三分之二的人认为未来这三种学习技术会占据更大的学习市场。其中，场景化学习成为首要选择，并且选择场景化学习的人数比例还在持续增长。

招商银行一直都非常重视对新任管理者进行领导力培养，包括对青年干部的培养等。过去，招商银行的领导力培养项目主要由一系列管理课程组成。尽管大家对这些课程的评价反馈是很好的，但是真正在工作实践中却很少有人能将课程内容应用上。为此，招商银行想要改变这样的现状。在外部咨询公司的建议下，招商银行对其工作场景进行了梳理，找到新任管理者面临最多的30个关键场景。

　　招商银行通过梳理工作场景后发现，这些新任管理者在日常工作中，75%的时间大概都在处理 5 到 6 个重点工作场景。因此，招商银行在外部咨询公司的帮助下，围绕这几个关键场景开设领导力培训课程。这种培训方式不再以知识传授为主，而是以新任管理者在实际工作中的具体工作场景为核心，帮助学员找到能解决问题的方法和工具，以此来提高学习转化的效率。

　　目前，有越来越多的组织采用情境案例教学的方式，即将企业的商业场景带入课堂，受到了学生和外界的一致好评。企业学习以工作场景为导向，其中工作场景的主角不是来自外部的讲师或者专家，更多的是来自员工本人，来自距离客户和业务最近的那些人。将工作场景带入到学习活动中去，引导员工开发、编写现实案例，让员工对学习有更多自我的思考和认识，以便让他们能将这些知识应用到工作实践中去。

　　例如华为大学的核心教学理念之一就是"训战结合"。因此，华为的多数课程都是以案例研讨以及情景模拟为主，即"把战场搬到课堂"。最为典型的就是传说中的"高研班"——高级管理研讨班，课堂上不再讲授知识性的内容，而是以学员自带的案例研讨为主。

　　工作场景的带入让员工不再是被动地接受讲师的经验知识，它更加接近个体的真实业务场景，让员工把学习知识、训练技能、改变行为和产出绩效有效连接起来。所以，通过以场景为导向，能够帮助个体将知识转化为实际业绩，从而改善组织绩效。

4.3　提高投入产出比，实现低成本学习

　　很多组织经常抱怨学习的成本太高，因而不愿意或者较少举办学习活

动。但实际上并不是学习成本高，而是学习活动的价值产出太低，难以平衡投入和产出。学习活动需要实现自身的利润，但实现利润本身的目的不在于盈利，而更多在于成本平衡。

为了保障学习活动的价值产出，我们可以通过场景嵌入让员工将知识既内化为自身的东西，提高他们解决工作中实际问题的能力，提升工作业绩，也实现了组织文化的宣贯与建设。同时，这样做将学习活动与品牌宣传结合起来，提升企业品牌的知名度，为企业带来隐形的利润增长。

京东企业大学高级总监马成功认为互联网思维对培训最大的影响是培训要产品化。其中关键是做好以下四点。

第一，有用。不同人群有不同的需求。针对这一点，京东为专业人员设计了两个产品，一个是京东TALK，一个是京东TV。而对管理者和一线员工，则设计了"尖叫点"和"引爆点"。

第二，少花钱。在马成功看来，要想培训少花钱，那么一定要相信内部资源比外部资源好。于是，京东设计了"集体创作"、专业脱口秀等学习形式。另外，利用视频传播知识是一种既省钱又高效的学习方式。

第三，省时。马成功说："我们所处的环境让我们不得不重视时间的重要性。"于是，京东把传统培训需要用几天时间来完成的课程，不断地进行压缩，使其时间减至为几小时。另外，京东发现对于管理者而言，更有效的学习方式是考试，因此他们针对管理者设计了一个考试项目，大大减少了管理者的学习时间。

第四，自愿。为了让学员自发地参与学习活动，京东设计了一个积分制项目——"京东年级"。它可以体现员工的学习和成长，员工如果想升级，需要获得足够多的积分。积分主要来自三块：一是完成学习任务；二是贡献 know how；三是参与部门级任务或公司级任务。

令很多企业困扰的是培训投入了大量的物力和财力，但是培训带来的预期效果很低，也就是说，培训带来的投入产出比太低。京东企业大学就颠覆了传统的培训模式，在减少一半费用、一半时间的前提下，保证培训质量不变。不拘泥于培训的形式，抓住员工痛点，设计让员工"尖叫"的产品，既能让员工快速使用该产品，也能实现企业的低成本学习，促进组织绩效改进，提高培训投入产出比。

第2章
激发个体学习兴趣

学习兴趣是人们产生学习动力的源泉，学员只有产生
了对学习浓厚的兴趣，才能真正地投入学习，使学习
成果转化为组织绩效。因此，组织要适当地引导学习
者，帮助他们理解学习活动的意义，从而激发他们的
学习兴趣，主动参与到学习活动中来。

1. 评估组织成员实现高转化的潜力

任何组织的成功很大程度上取决于它能否最大化地释放员工的才能。为了持续提升生产力和绩效，组织通常会要求员工学习更好的工作方法。但学习者的个人特质，在很大程度上决定了培训和发展活动的效果。

无论在正式的还是非正式的学习活动中，不同员工的收获是不同的。有些员工可以从课程、工作和生活中学习到看问题的新视角和新的行为方式，而另外一些员工则不行。为了让员工在学习活动中有更好的效果和转化率，需要让员工带着尽可能高的学习动机去学习。

1.1　明确成员的学习动机

动机是直接推动有机体活动以满足某种需要的内部状态，是行为的直接原因和内部动力。员工学习动机决定着员工在学习活动中的效果。有研究指出，在同样的学习情境中，学习效果与个人学习动机之间存在正相关关系，即学习动机强的人要比弱的人更可能取得积极的转化成果。康柏电脑公司董事长指出："要让员工心甘情愿地接受一项指令，你必须告诉他，这项指令可以给他带来什么。"

英国航空公司曾遭遇连续两年的大幅亏损。为了让公司尽快摆脱这一糟糕局面，当时新上任的总裁科林·马歇尔对公司进行了认真的考察和分析，并得出结论：服务质量欠佳是导致这一问题的主要原因。对此，马歇尔在公司上下开展了一场以提升服务质量为宗旨的大规模培训行动。

培训固然是好事，但有的员工并不喜欢培训，或是因为工作压力大而拒绝培训。针对这种情况，科林·马歇尔采用以下五个方面的措施。

（1）在进行培训之前，尽可能多地向员工提供培训信息，让员工了解：培训是为了提升他们的能力和绩效，而不是挑出他们的不足。

（2）让员工了解：培训会给他们带来职业生涯等方面的收益。

（3）让员工了解：自己在技能方面存在的劣势，并从培训计划中获知培训内容与改善他们自身不足之间的联系。

（4）允许员工根据自己的喜好选择参加培训的方式，并根据大多数员工的实际情况安排培训时间。

（5）在员工日后的工作中，安排一些他们可以应用到新技能的机会。

在这些措施实施后，员工的抵触情绪渐渐消除了，慢慢理解并接受了公司的培训计划。员工不但积极参与各项培训，还将培训的效果充分应用到实践当中，短短时间内就将公司的服务质量提升了一个档次。不久后，英国航空公司一举成为世界上最受欢迎的航空公司之一。

成年人在对待学习时，会以一种非常务实的态度来问自己："我为什么要学习这些内容？"也正因为如此，以上案例中员工的反应会出现如此鲜明的对比。在没有调动员工积极性前，像很多培训一样，大部分员工应付式对待；调动积极性后，员工踊跃参加。怎样调动员工积极性呢？

心理学家西·索洛维契克为了证明通过培养学习兴趣，保持对学习的积极态度能促使学生在学习中的积极思维，曾做了这样一个实验。

在实验中，学生们根据自己的学习情况选择一门不是很感兴趣的课程。在开始上这门课之前，学生们要先完成以下几种活动。

（1）面带微笑、搓着双手，哼着自己喜欢的歌曲等，类似于摩拳擦掌、跃跃欲试的行为，且自己要能充分感受到这种体验。

（2）不断在脑中暗示自己：下面要学习的内容是我能够理解的，我将高兴地学习。

（3）还要不断提醒自己：一定要努力去学习，要比平时更细心一点，因为细心是产生热爱学习的源泉，还要花更多的时间去学习。

经过三个星期的学习，参加这个实验的 3 000 多名学生中，绝大多数都成功了。他们成功地改变了消极学习态度，消除了原来的苦恼，开始对原来最感头痛的课程也产生了兴趣，并且从探索知识的过程中体验到了学习的乐趣。

从西·索洛维契克的实验可以看出，态度影响学习动机。员工参加培训不仅是为了学习知识，还有感情方面的原因。学习者带着不同的动机开始和结束学习，这将会影响他们学到多少东西，他们是否会将学到的东西运用到工作中，因此会影响学习项目的成败。

1.2　判断成员的认知能力

美国知名培训师鲍勃·派克指出："永远都不要低估你的听众的智商，

永远都不要高估他们对信息的需求。"要想学习更有效率，培训工作者就要提前判断学员是否具备相应的知识储备，只有将授课内容与学员已有的知识水平结合起来，学员对于学习活动的兴趣才会更加浓厚。

2013 年伊始，亳州石油公司开展了一期业务培训活动，借以提高销售人员的业务能力。培训活动由著名销售讲师传授销售经验，活动的内容划分为销售技巧、沟通策略、与客户处理关系的技巧等。通过此次培训活动，销售员不仅可以学习非油品业务专业知识，还能够获取实用的操作技巧。

在培训开展之前，培训讲师首先针对销售人员的知识水平进行了调查与统计，综合考虑学员们已有的知识水平和需要达到的知识水平，确定了相应的课程。同时为了方便销售员吸收培训知识，活动采取较为灵活的方式，如增加了讲师与学员之间互动的环节，通过座谈的形式提高培训的感染力，模拟销售的形式以贴近销售实际……抛却传统教学方式的束缚。通过培训，销售员们真正学到了有益知识。

培训结束后，有学员反馈道："这次培训是公司给予我们最宝贵的礼物，培训老师经验丰富，善于引导，考虑到了大家的认知能力，让我们轻松愉快地掌握了培训内容。通过这次培训，我们以后在做好非油品业务方面更有信心了。"

通过培训，销售人员不仅提高了业务能力，还及时更新了销售观念，与时俱进，这为公司在工作实际中不断取得进步打下了基础。

事实上，每个人对信息的处理能力和认知水平是不同的。培训工作者在进行培训前要对学员的认知能力进行判断，根据学员的认知水平对学习内容进行调整，最好能兼顾到学员的认知差异。

2. 从个人愿景到共同愿景

福特公司或苹果电脑公司这样的企业之所以能够迅速发展起来，成为当今家喻户晓的企业，就是因为领导者的个人愿景变成了公司各级员工真正的共同愿景，由此凝聚了数千人的能量，并且在背景极其多样的员工中创造了积极的认同感。对于学习型组织而言，共同愿景是激发组织成员学习兴趣的重要因素。

2.1　激励组织成员开发个人愿景

德鲁克的多产、智慧、洞察力很容易让人产生天生英才的感慨。然而，在伟大成就的背后隐藏着的是他超乎常人的努力、对事业的无比热情、对完美的不懈追求。德鲁克经常回忆起一件对他人生影响很大的事情。

我喜欢看歌剧。18 岁的一天晚上，我到汉堡歌剧院看意大利著名作曲家威尔第的歌剧《福斯塔夫》，并且完全被它所折服。但后来，我惊奇地发现，这样一部充满热情、活力四射的歌剧竟然是威尔第在 80 岁时所创作的。当时别人问威尔第："你是 19 世纪最重要的歌剧家，为什么在如此高龄还要继续从事创作，是不是对自己的要求太高了？"威尔第回答道："我的一生就是作为音乐家为完美而奋斗的一生。完美永远躲着我，我当然有义务继续去追求它。"这件事对我影响很大。从此我下定决心，无论从事什么行业，无论到了什么年纪，一定要追求完美，决不放弃——即使"完美永远躲着我"。

当有人问德鲁克"您认为您哪一本书最好？"时，他总是微笑着回答："下一本。"在 60 余年的职业生涯中，德鲁克总共出版了 30 本书，平均每两年就有一本书问世。德鲁克先生在 94 岁高龄的时候还完成了人生最后一部著作。德鲁克的高产验证了一个道理：一个再有天赋的人，也需要开发个人的愿景，也需要坚持对愿景的不懈追求。

事实上，很多企业都要求员工能够担当大任、有所作为，而员工自身也是有一定的期望的。但是，这种期望在实际执行中会因为一种固有的岗位观念而严重受阻，比如，"我只是个小职员，公司愿景不是我能参与的。"

麦肯锡内部流传着这样一句话：这世界上会有不成功的工作，但不会有失败的人，不管职位高低，我们总该做出超乎寻常的业绩。

许多在麦肯锡工作多年的人都有记笔记的好习惯，他们会把工作笔记整理好，为自己日后的工作提供可供参考的素材。而这部分人当中，又有一部分人将这些笔记进行系统化整理并出版发行，也就形成了市面上五花八门的关于麦肯锡工作方法的书籍。

一次，德国《图片报》的一位记者在采访《麦肯锡箴言》一书的作者赫伯特·亨茨勒的时候毫不避讳地问道："先生，你之所以能够写出如此优秀的作品，应该是你那么多部下帮助的功劳吧？您在麦肯锡担任要职，所以媒体才愿意接近你并为你做宣传吧？"

赫伯特·亨茨勒微笑着说："类似的问题，好像在日本也有人问过我麦肯锡的同事大前研一。我承认，在任何一个项目的进行中，我都无比地依赖我的属下们，但我书中的内容，确实都是我通过自己的眼睛和耳朵收集而来的。而且，我很自信地以为，我之所以能够吸引媒体，并非麦肯锡公司的功劳，而是依靠我的个人能力。"

赫伯特进一步解释道："在麦肯锡公司，业绩好坏和职位高低是没有关系的，我做普通咨询顾问也好，项目负责人也好，还是麦肯锡欧洲区主席也好，职位和我的工作业绩并无关系。我刚刚加入麦肯锡时，也曾以新人的身份在一个普通的小项目中做出超越项目主管的业绩，只要你肯去做，职位并不是不可逾越的障碍。"

正如赫伯特·亨茨勒所言，我们需要立足于本职岗位，开发自己的愿景，并不断付出努力以体现自身价值。在组织中，如果员工没有自己的个人愿景，就只能被迫加入组织的愿景，一味地顺从，而不会自愿作出贡献。相反，大家都因为很强的个人志向而走到一起，就会产生强有力的协同效应。

稻盛和夫指出："无论研发、公司管理，或者任何其他企业活动，活力都来自'人'。而人是有自己的意志、自己的头脑和自己的思维方式的。假如员工们自己没有足够的动机去挑战增长目标和技术开发目标……就根本不会有增长，不会有生产力的提升，也不会有技术进步。"也就是说，只有组织中的每个人都追求不断地学习，才能打造出真正的学习型组织。

2.2 从个人愿景出发建设共同愿景

所谓"愿景"是企业领导者为其成员描述的一种极富吸引力的未来场景。但领导者必须明确的是，这种愿景并非凭空想象的，它必须基于一定的现实依据。此外，真正具有实际价值的愿景一般都是实际的，而非"理论化"的，当这种实际的愿景为行动计划奠定基础的时候，它才可以发挥作用。

事实上，世界知名企业之所以历经风雨依旧繁荣向上，其原因就在于这些企业内部具有一个共同的强大愿景在激励一代代的员工为之不断奋斗。

让我们看看那些世界级企业是如何描绘它们的愿景的。

微软公司——计算机进入家庭，每一张桌子上，使用微软的软件。

惠普公司——为人类的幸福和发展作出技术贡献。

海尔——创造世界级的全球化品牌。

迪士尼公司——让人们快乐。

在共同愿景的指引下，微软的员工都有一种使命感，每个人都了解公司对他们的期待——"在每个他们进军的市场，赢得100%的市场占有"。不管做任何决策，召开任何会议，开发任何商品，每个员工都追求同样的目标：完全占有市场。

在微软，最常见的问题就是："你如何做能够增加市场占有率？"接下来就是："如何做可以做得更好？"于是，员工不断地在思考如何改进，想办法扩张市场。在争做市场第一名的愿景的指引下，微软由一个小小的软件作坊成长为世界顶级的软件生产商。

愿景概括了企业的未来目标、使命及核心价值，是企业最终希望实现的图景。它就像灯塔一样，始终为企业指明前进的方向。当这种共同愿景成为企业全体成员一种执着的追求时，它就成为企业凝聚力、动力和创造力的源泉。因此，以愿景激发员工的工作积极性是每位企业管理者义不容辞的责任。

一个成功的团队绝不仅仅是单纯一起工作的人群，而是由拥有互补的技能、清晰的共同愿景、一致的绩效目标的人组成的团体。对此，德鲁克曾套用贝弗里奇爵士的话说："组织的目的是让平凡的人做不平凡的事。没有任何组织能完全依赖天才，天才总是非常罕见，而且不可预测。但是能不能让普通人展现出超凡的绩效，激发每个人潜在的优点，并且运用这些优点，协助组织其他成员表现得更好，这是对组织的一大考验。"

由此而观，对于管理者，是否能够有效整合团队，让团队内部成员之间互相协作，这是考察管理者素质和能力的标准之一，也是管理者必备的基本功。那我们在建设组织的共同愿景时，也是如此。组织中的每个人都有自己的愿景，那么，个人愿景如何融合成组织的共同愿景呢？

彼得·圣吉在《第五项修炼》一书中指出，建设共同愿景的第一步就是放弃传统观念，即认为愿景总是高层管理者宣示的，或者来自组织的战略规划。但这并不是说，愿景就不能来自高层，愿景恰恰经常来自高层。但是高层管理者会把自己的个人愿景当成是组织的愿景，这样的愿景就不是真正的"共同愿景"。共同愿景是所有组织成员通过自由表达自己的梦想，聆听对方的梦想，在不断交流与分享中成长出来的副产品。

传统的组织采用命令、控制的方式要求员工加入和承诺共同愿景，对于这种组织的共同愿景，我们有理由担心其产生的能量是否可控、可引导。那么，怎样采用更自由、平等的方式呼吁更多的员工加入组织共同愿景呢？

彼得·圣吉指出呼吁组织成员加入共同愿景的方法如下。

（1）**自己先加入**。自己先加入的意思是在别人加入前你需要不断修正自己的愿景，不管是思想上的修正，还是文字上的修正。在邀请他人加入之前，让共同愿景尽可能地有吸引力。随后，自己先加入，也就是说，自己对其要有足够的热情，用自己的热情去感染周围的人。

（2）**简明扼要**。意思是说不要夸大共同愿景的利益，或者隐藏有可能出现的问题或是风险。一味地夸大其词，很可能让他人更加不信服。实事求是，把每个人当成理性、智慧的人，一起同甘共苦，不断修正，春风化雨。同时，对愿景的描述要尽量简单，让他人一眼就看得明白，不要弄些晦涩、难懂的词汇，加大理解的困难。

（3）**给予选择的权利**。任何人都希望有自主选择的权利，如果我们总是用一些利益试图去说服对方加入共同愿景，反而会影响他的积极性。所以，我们要留出足够的时间并营造安全氛围，让成员自由选择。

（4）**用行动履行**。除了语言和文字上的呼吁外，更重要的是用行动去履行。在没有看到的情况下，人们也许很难心动。但如果自己身体力行去坚持，别人可能会看到这样做的好处，觉得不再是天方夜谭，好像是可行的，慢慢也会跟你一样变得认真和热情，一起自觉地加入组织的共同愿景中，为它继续发光发热，实现组织的伟大愿景。

共同愿景为组织学习提供了目标和动力。人们只会承诺去做与自己切身相关的事情，而这时有效和创造性地学习才会发生。共同的愿景让人们能够审视自己的固有思维方式，促进他们放弃成见，接受新的思维方式并采取行动。

2.3　激发学习促进者的能量

英国有句谚语："好人的榜样是看得见的哲理。"榜样树立行为学习的典范，跟随者一言一行都要向它看齐，不能有任何的偏离。如果一个管理者能带头给员工树立好的榜样，带头执行，上行下效，整个团队都会往更好的方向发展。

20世纪，查理·斯瓦伯受聘于钢铁大王安德鲁·卡耐基的公司，担任该公司的总裁。任职后，他到辖区内的一家钢铁厂考察，发现这家钢铁厂产量下降，于是问厂长，为什么其他钢铁厂的产量都是逐渐上升的，而该厂的产量却不断下降。

厂长无奈地回答："哎，我好话丑话都已经说尽了，甚至拿免职、延迟发工资和扣除奖金来吓唬工人，他们依旧懒懒散散，毫无改进，我是没有办法了。"

斯瓦伯听到厂长的这番言语愣了一下，但什么都没有表示。当时，刚好是白班和夜班的交替时间。斯瓦伯向厂长要了一支粉笔，问日班的领班："今天你们炼了几吨钢？"领班回答："6吨。"斯瓦伯在交接班的黑板上写下了："12月1日，日班6吨。"然后，他默不作声地走了。

夜班的领班看到黑板上写的话感到非常奇怪，于是问白班的领班，白班的领班告诉他这是总裁今天亲自写的。第二天早上，斯瓦伯又来到工厂，看到黑板上多了一句话："12月1日，夜班7.5吨。"白班领班看到后，知道自己输给了夜班，心里很不是滋味，动员白班全体员工努力工作，上班期间不允许干私活，不准离开岗位，结果炼了10吨钢。

接下来，白班和夜班展开了一场保质、增产、降低成本、减少浪费的劳动竞争，产量不断刷新。不久后，这家钢铁厂的产量跃居公司首位。

斯瓦伯仅仅在黑板上用粉笔写了简单的几个字，就提高了整个工厂中工人的士气。工人们忽然产生的士气是从哪儿来的呢？

这种士气来源于他人不一样的行为。当他人的行为被评定为好的行为时，那么，这种好的行为就会成为其他人的参考标准。其他人会调整自己的行为，尽量缩短与参考目标之间的距离，甚至想要超过参考目标。而这一系列的行为反应并不需要刻意指点，只需要通过观察就可以引发出来。这种现象，在心理学上称之为观察模仿学习。

心理学家班杜拉认为："一个人通过观察他人的行为及其强化结果而习得某些新的反应，或使他已经具有的某些行为反应特征得到矫正。"这就是说，如果一个人的某种行为受到了奖励，那么其他人会不自觉地以他为榜样，模仿其受奖励的行为；相反，如果他的这个行为受到了惩罚，那么在惩罚的效力下，这样的行为很少被模仿。即便有类似的行为出现，也会因为看到榜样的行为受到了惩罚，而停止或者改变自己的行为。这便是观察学习的影响力量。

著名的巴津格尔机床生产联合企业总经理沙托伊夫，管理着一个几千人的企业。尽管他只有 27 岁，但他对管理好企业始终信心十足。

沙托伊夫认为，企业的发展和强大依靠企业全体员工的素质和向心力。要调动员工的积极性，自己首先要对工作充满热情，还有持续不断的努力。

清晨，当人们还在睡梦中时，他已经起床，接着巡视各厂区；深夜，万籁俱寂，他还在伏案工作。每天只睡 5 个小时，这已经成为他的生活习惯。

沙托伊夫在日常工作和管理中，能够严格遵守企业各项制度，以身作则，成为广大员工心目中的楷模。

在他的领导下，巴津格尔机床生产联合企业逐渐走向辉煌，产品一度出口到西欧等国家。沙托伊夫坚信"管理者自身的积极性会使一切'动'起来"。

每个人在成长过程中，都会选择一个优秀的人作为自己的行为榜样，从榜样人物身上汲取力量。"榜样的力量是无穷的"，那这种力量是如何通过榜样而产生影响的呢？为了弄清在奖惩过程中，口头劝说与榜样行为这两者在影响他人方面，哪一个的影响力更大，班杜拉又进行了一个"滚木球实验"。

实验是在一群三到五年级的小学生中开展的。凡是参加"滚木球"游戏的学生，都可以得到一些现金兑换券作为奖励。

之后，班杜拉将这些参加游戏的小学生分成四个小组，并在每个小组中安插了一名实验助手。这些实验助手会按照班杜拉事先的安排，作为小组内的榜样引导出一些行为。

第一组被试的榜样是一位自私自利的人。这个榜样不断向被试宣传，要将好的东西留给自己，不必去救济他人。同时，也带头不将得到的现金兑换券捐出来。

第二组被试的榜样是一位好心肠的人。这个榜样向被试宣传的内容是，自己得了好东西，要与人分享并带头将得到的兑换券捐献出来。

第三组和第四组被试的榜样分别是两种言行不一的人。第三组的榜样嘴上说人人都应该为自己考虑，实际上却将兑换券放入了捐献箱。而第四组的榜样则是嘴上说要将得到的兑换券捐献出来，实际上却只说不做。

在四位不同榜样的影响下，哪组被试自愿捐出兑换券的数目最多呢？

班杜拉对实验结果进行统计后发现：第二组和第三组被试捐献的兑换券明显多于第一组和第四组。

班杜拉的这个实验清楚地表明：与口头劝说相比，实际做出的行为对他人更有示范影响。这就是我们常说的"言传不如身教"。

组织在开展学习活动的过程中，也要利用学习促进者的影响力，不断激发他们的能量，带动更多的人参与到学习活动中来。因此，在建立组织共同愿景后，组织需进一步激发学习促进者的能量，以此凝聚员工，促使他们更好地发挥主观能动性，为实现自己的人生价值而大显身手。当所有的人都为一个目标而努力时，其实就意味着所有人都处于一个共同体中。在这个共同体中，大家休戚相关，企业的荣誉就是员工的荣誉，企业的失败就是员工的失败；反之亦然。

3. 让学习目标与组织业务相联系

在任何组织中，业绩和生存才是第一要务。那么，学习活动不再是为了学习而学习，只有当学习活动能为业绩作出更多贡献时，企业领导者才认为它是必不可少的。因此，组织的学习活动应与组织业务目标相联系，帮助企业实现业绩增长，在激烈的市场竞争中获得胜利。

3.1　让成员理解组织业务和战略目标

在一些企业中，人们并不关心经营性的成果，只关心自己是否完成组织分配的任务，或达到某个由管理者界定的单一目标标准。在这里，目标仅仅被作为一种严格控制成员的手段，这便造成大部分员工对自身工作没有思考、没有创造力的局面出现，从而极大地影响到目标的最终实现。

实际上，任何目标的落实都有赖于管理者和组织成员保持与组织目标一致的方向，凝聚共同的愿景，积极主动地分解目标，并矢志于目标的完美实现。

然而，很多员工并不了解管理者希望自己达成什么样的目标，因而人们常常发现管理者期望的目标总是与员工认可的目标之间存在极大的差异，甚至往往无法如期实现。我们来看下面这则对话：

总经理："好吧，我们来看看你上两个月的销售成果。你和我说会有显著改善，对吗？"

销售员："是的。不过，我还以为要到本季度末才会评估工作成果的。但无论如何，我想我已经有了相当显著的改善。"

总经理："是吗？你的总销售量好像提升了一些，但增长的部分多半来自小客户。"

销售员："我并不想忽略大客户，但我认为提高自己销售量最好的办法是在一些中等客户上下功夫。这样做可能不是很引人注目，但它确实有效。"

总经理："但是，无论如何，我还是希望每个人都将精力放在大客户上。这样，一小批客户就能将销售额提高很多。"

销售员："哦，你难道是要我提高销售额吗？我还以为要从增加销售给每个客户的产品种类起步呢。"

总经理："增加产品种类当然也没错，但这并不能增加销售额。"

销售员："那你的意思是我做的这一切毫无价值？"

为什么销售员和总经理会发生争执？问题的症结在于总经理没有给员工提出明确而具体的目标。而员工按照自己的想法去实现目标，最终却发现这根本不是管理者所期望的。

上述对话表明，总经理要求的是增加销售额，而销售员却致力于提高销售量，特别是增加卖给每个顾客的产品种类。双方真正的分歧并不在于工作业绩本身，而在于两者对目标的认识差异上。总经理未详细说明具体目标和实现目标的具体时间，导致员工并不清楚管理者的目标意图和实现方式。德鲁克指出，确保目标的清晰化是十分关键的。

在学习活动的设计上也是如此。尽管组织内负责设计学习活动的人员能够经常与高层管理者进行沟通与交流，能够清楚地理解组织业务和战略目标，但是学习活动的参与者不一定能理解组织目标。要想学习活动对业务有所贡献，就需要让组织成员清楚地理解组织业务和战略目标，才能基于组织业务和战略目标来设计最佳的学习解决方案。

摩托罗拉非常重视员工培训工作及其系统的建立，并将其作为企业发展战略中重要的一部分。摩托罗拉一贯认为：员工是企业中最宝贵的资产，只有向他们提供各种培训机会并给予发挥的空间，才能释放其最大的潜能，从而将其培养成一支同行业的优秀人才队伍，以不断满足公司在全球范围内日益增长的业务需求。

为此，公司每年为培训工作投入了大量的人力、物力和财力，并规定每年每位员工至少参加 40 小时与工作有关的学习。学习内容包括新员工入职培训、企业文化培训、专业技能培训、管理技能培训、语言培训及海外培训等。摩托罗拉还积极推广电子学习，公司要求每个员工每年至少要学够规定的学时。

摩托罗拉大学是一所在摩托罗拉内部专门设班的、为公司内各事业部、客户、员工及合作伙伴设立的教育培训机构。基于公司的发展要求，摩托罗拉大学从公司可持续发展的角度出发，为公司建立了一套完整、先进的员工培训与培养体系，该体系包括培训需求分析、培训设计、实行培训和培训评估四部分。相应地，摩托罗拉大学设置了四个职能部门：客户代表部、课程设计部、培训信息中心及课程运作管理部。这四个部门承担着这个系统的运行，源源不断地为公司各事业部提供着一流的培训课程。

摩托罗拉大学的培训工作跟公司的战略方案一致，与各事业部紧密结合，真正落实到各事业部，与组织业务相联系。这样，一方面能够得到公司的进一步支持，同时培训工作又有利于解决各事业部工作中遇到的问题，形成积极的反馈。

3.2 在现有流程体系下管理学习

组织在设计学习活动时，要针对组织的战略目标和业务需求，培养出企业运营和管理需要的人才。也就是说，组织需要更加强调培训与企业战略和文化的一致性。

华为大学自成立以来，坚定地以基于业务和管理实践的需求为出发点进行运作，也就是说，公司需要什么样的人才，华为大学便确保自己能够满足公司的需求。华为大学基于业务和管理实践的需求培训人才同时也体现在课程的规划上。在进行课程设计时，华为大学注意课程与目标学员的适应性，使课程能够很好地被学员所接纳。

华为大学把自己比作"中国企业的黄埔军校"，学校于 2005 年正式注册成立，为华为员工及客户提供众多培训课程，包括新员工文化培训、上岗培训和针对客户的培训等。为了帮助新员工尽快适应公司文化，华为大学对新员工的培训涵盖了企业文化、产品知识、营销技巧以及产品开发标准等多个方面。针对不同的工作岗位和工作性质，培训时间从 1 个月到 36 个月不等，如图 2 - 1 是华为营销人员的培训流程。

华为对新员工的培训，真正结合其工作需求，在不同阶段进行针对性的学习管理。华为还拥有完善的在职培训计划，它包括管理和技术两方面。不同的职业资格、级别及员工类别会有不同的培训计划，为每个员工的事业发展提供有力的帮助。除了为员工提供多种培训资源，帮助其进行自我提高外，华为大学还设有能力与资格鉴定体系，对员工的技术和能力进行鉴定。

学习不仅要贯穿于组织的战略制定，还要落到每天的实际操作上，即有条不紊地将学习植入企业所有流程中，在企业流程下管理学习。一旦学习活动与企业业务实践结合起来，学习带来的变化将显而易见。

德勤公司是全球最大的专业服务企业，"坚持员工终身学习"是德勤公司构建人力资源战略的基础。

德勤公司为每个员工都制订了学习计划，它的"雄冠全球"模型清晰地显示了组织绩效期望与员工个人专业发展路径之间的强关系，并以此为基础，推演出了员工的行为测量指标。德勤公司电子化学习总监凯瑟琳·哈伦斯坦指出："现在我们员工的学习更加契合业务目标，与业务密不可分，我们聚焦于有用的培训。"

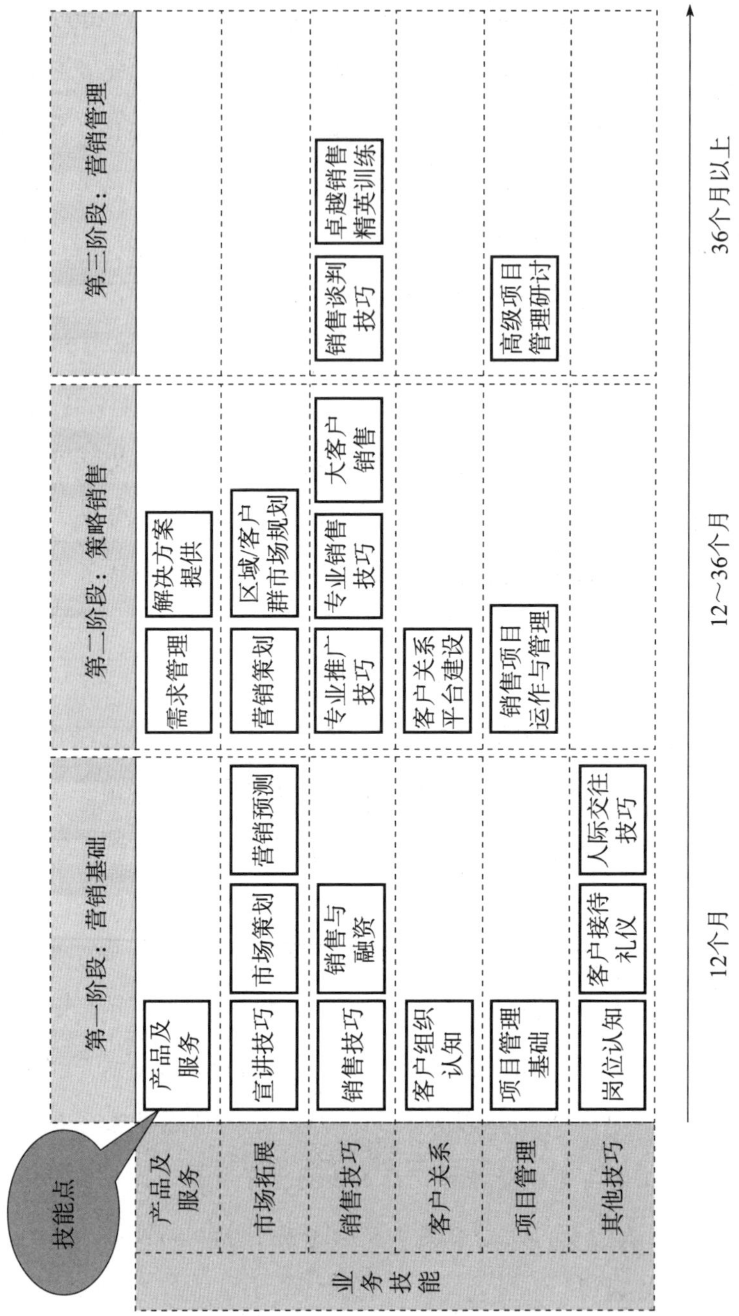

图 2-1　华为营销人员培训流程

在为员工制订学习计划时，德勤公司都会首先咨询业务部门的意见，以支持完成公司业务目标为原则，共同为员工设定学习方向，确定学习课程。这样一来，学习与实践就紧密地联系在一起了。

基于现有的流程体系，对接实际的工作场景和学习活动，既能够快速改善业务痛点，解决实际问题，也符合学员改善工作方法和提升绩效的需要。

4. 营造良好的学习氛围

为进一步激发学习者的学习兴趣、提升学习效果，组织可以从营造良好的学习氛围上着手。学习的需求起源于求知，转化的需求起源于应用。这种动机可以来自员工个体需要及对自我实现的追求，也可以是外部环境的积极刺激和推动。组织良好的学习氛围可以作为一种推动力，耳濡目染地让员工乐在其中、学在其中，相得益彰。

4.1　设立明确、公开的学习目标

在玩兴正浓的年代，稻盛和夫就已经确定了自己的目标，并朝着目标默默地钻研。据说高中时，他就说："你要我打安全灯，我就会做。"他能这么说，是因为背后有足够的努力与精进，所以，稻盛和夫认为这话听起来并没有傲慢自夸的感觉。而最终，如此精进的结果就是成就了伟大的他。

对于日常工作的推行和工作业绩的改善，确保目标清晰化是十分关键的。德鲁克指出，只有制定了清晰的目标，员工才能有明确的努力方向，全

力以赴地创造出令自己、管理者和客户都满意的工作业绩。而且，目标对每个人都是非常重要的。当员工对特定工作内容的了解尚不充分时，制定清晰而具体的目标，可以让他们少走弯路，提高工作效率。

DHL（中外运敦豪国际航空快递有限公司）是世界上规模最大的快递公司之一。几年前，该公司制定了一套行为原则：只要得到的是公司的同一指示，那么每个部门、每个区域在为自己设定目标时都有发言权。在这种氛围下，管理者与员工之间的沟通更加有效，管理者的目标意图更加清晰明了。而由于员工对管理者的目标意图理解得较为准确，工作执行难度不大，执行效果自然非常理想。很快，DHL 的知名度在美国得到巨大提升，运营收入也大幅增长。

通过这种有效的沟通方式，管理者的目标意图变得更为清晰明白，更易于员工的执行。德鲁克总结道，管理者的任务之一是统一全体成员的意见和行动，并为他们确立行动的目标和方向。而让目标清晰化，这不仅是一种令人鼓舞的管理方式，更是做好工作与目标协调的基础。

明确的、有挑战性的目标能带来更高的绩效。爱因斯坦也说："在一个崇高的目标支持下，不停地工作，即使慢，也一定会获得成功。"目标可以引领人们进步。同样，制定明确、公开的学习目标也能显著提升学习效果。

宝洁公司采用"三全"立体培训体系，即全程——职业生涯时间维度（入职、职业生涯早期、职业生涯中期、职业生涯后期）、全员——职位维度（M 职位系列、A 职位系列、T 职位系列）、全方位——内容维度（基础素养、专业素养、管理素养）。

全程指从新员工入职到退休，宝洁推行全职业生涯规划，在每个阶段都有对应的培训与之配合。对于进入职业生涯中期的员工，即所谓的职业生涯平台期后，宝洁鼓励他们横向发展，成为资深讲师。

全员指公司内所有员工，从生产制造、市场营销到 IT 服务，都是宝洁培训体系的覆盖对象。

全方位指宝洁将提高员工素养作为培训的主要任务。员工素养分为基础素养、专业素养和管理素养三大类，如图 2-2 所示。

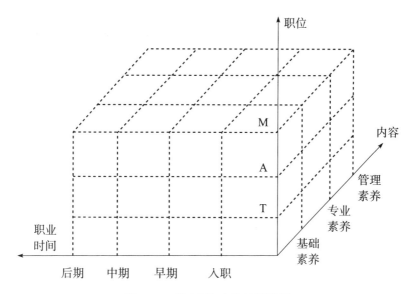

图 2-2　"三全"立体培训模型

在培训效果测评中，宝洁既不采用"培训满意度调查表"这种初级形式，也不主张进行"360 度评估"这种复杂形式。宝洁认为，只需要抓住以下三个指标即可。

第一，岗位技能合格率。不同岗位上的员工（特别是中高层管理人员）岗位技能合格的比例是企业大学应追求的首要目标。

第二，新技能培训到位率。公司开展一项新业务，进入新的市场和领域，企业大学必须保证在最短的时间内使员工掌握新的技能。

第三，新技能应用百分比。在接受半年的培训后，由上级主管对员工培训内容的应用进行评估，看有多少人应用技能提高了工作绩效。

虽然学习目标一直是教学设计的一部分，但没有引起人们足够的重视。在实际学习过程中，对于学习目标也常常不了了之，没有具体、量化的指标。宝洁公司不仅采用"三全"立体目标化、针对性培训，而且采用简单有效的评估指标对培训进行评估。这是很多企业经常遗漏的部分，因为对于学习我们有时候很容易将其美化和理想化，认为不需要设置这些条条框框。挑战性目标和相应的激励机制不仅在组织内司空见惯，这类策略同样适用于学习活动中。

4.2 帮助成员树立成功的信心

员工的心理状态会影响学习的效果。如果员工对于在学习活动中取得成功没有信心，就难以调动他们学习的积极性，更提不上学习的应用。根据墨菲定律，我们知道事情如果有变坏的可能，不管这种可能性有多小，它总会发生。也就是说，在工作中，当面对困境时，如果我们认为自己不行，那么，到最后便很可能真的会不行。

著名社会心理学家阿尔伯特·班杜拉指出，自信心的多少直接关系到一个人自我效能感的强弱。自我效能感是指个体对自己是否有能力完成某一行为所进行的推测和判断。也就是说，在能力相等的情况下，越自信的人，其自我效能感便越强，而自我效能感越强的人，工作效率则越高，获得成功的可能性也就越大。

　　瑞士联合银行新加坡分行副主任维多利亚·利姆也曾工作于麦肯锡公司，尽管他已离开麦肯锡多年，但他仍然记得自己从第一个项目中便学到了如何让自己快速成长起来。

　　当时，利姆作为团队的一分子，主要任务是对客户端数据进行各种分析，以便团队更好地了解客户的动态。然而，由于客户数据不仅数量庞大，而且涉及多个部门和多种产品，再加上他并不擅长 Excel 软件，结果大部分计算工作都是人工完成的。因此，进度十分缓慢，而且一旦数据稍有变动，他便又要增加很多额外工作。对于利姆异常缓慢的进度，项目经理十分费解，并且很生气，几次公开表示对他的不满，而利姆也十分无奈，不知道如何才能达到领导的要求，整天无精打采的。

　　最后，还是一位同事发现了他用 Excel 所制作的糟糕表格，主动提出要教他使用 Excel，克服了技术难关，并给予他鼓励，利姆慢慢有了信心，速度也逐渐快了起来。从那以后，他也开始明白一个道理：有不足并不可怕，关键是有战胜困难的能力。只要你愿意进步，并且能够得到或求得帮助，总是能够进步的，而这种进步不仅可以帮助个人的发展，也可以促进团队的成功。

　　完成这次项目过程中虽然遇到了困难，但利姆也建立了对自己的信心，让他相信自己可以做好项目管理工作，承担更多的工作责任。利姆后来成为领导后，还特别注意不打击员工自信心，虽然对工作严格要求，但会给予相应的时间和指导，帮助员工建立信心，克服困难。

　　信心确实是一种强大的力量，无论任何时候，如果我们都能坚定地把身心状态调整到最佳，保持最佳的自我效能感，那么事情发展顺利的可能性就会极大地提高。马克斯·兰茨伯格在麦肯锡英国分公司做咨询顾问授课的时候便曾专门强调："confidence（信心）一词源自拉丁文，其本意为'以坚定的信念'。"不管是在工作中，还是学习活动中，如果能够帮助员工树立成功的信心，就能充分调动员工的工作动机或学习动机，发挥员工的内驱力及自我能动性，从而实现既定目标。那么，如何让员工建立起对自己的信心呢？

麦肯锡人十分注重自信心的塑造与培养，在这方面有独到的心得体会。在麦肯锡，资深的咨询顾问们喜欢将信心比作"一座需要播种、滋养和除害的花园"。

第一，树立信心需要用心播种

麦肯锡咨询公司创始人马文·鲍尔指出："良好的企业愿景和个人愿景对于员工信心的塑造起着至关重要的作用，即便仅仅只是让成功愿景的种子在内心发芽，我们也已经在信心构筑方面迈出了坚实的第一步。因此，我们必须学会创造并不时地回顾愿景，以此来构建并保持信心。"

第二，培养信心需要不断滋养

曾任麦肯锡董事长兼总裁的李·沃尔顿直言："世界上没有不需要空气和肥料、阳光和水分便能够肆意生长的花园，毫无疑问，自信心也是需要照料和浇灌的，每当我们在咨询活动中的成果被客户所接受，或者工作得到了同事和领导的正面反馈，那么，我们便会更加坚信，自己已经找到了获得成功的途径，而信心也会因此而更加充足起来。"

第三，保持信心需要定期除害

麦肯锡资深董事约翰·麦库默常常对他的属下说："信心的花园很容易

被贪婪的害虫搞得一片荒芜。这些蚕食自信心的害虫多种多样，有居心叵测者对你的贬低，也有过度的自我责难，等等，了解这些害虫并且去除它们，自信心才能得以永驻。"

除了以上方法外，麦肯锡人还提倡多动头脑、多运动，保持身体的健康，聆听动感活力的音乐，并且充分享受休闲的时光。如此，也能够为自信心的培养提供沃土。

我们看到，信心不是凭空产生的，需要我们有方法、有意识地进行培养。学习和工作也是如此，当我们对自己极度不自信时，做起事情来往往容易畏首畏尾，执行效率自然低下，而低下的效率又会导致我们更加不自信。如此一来，就形成恶性循环。

反之，如果我们拥有一个自信的好心态，相信自己目前所做的事情能带来预想的效果，做起来就会尽心尽力，往往就能把工作做好。就像萧伯纳所说的，唯有有着充足信心的人，才可以化渺小为伟大，化平庸为神奇。

4.3 使成员对学习转化作出公开承诺

工作中，执行到位是一件相当不容易的事，因为领导不仅注重结果，也注重过程，不仅注重事情本身，也注重你个人的综合表现。在限定时间内完成领导交付的任务是快速取得工作成果的重要途径，也是职业生活所必需的基本职业素质。

受公司性质的影响，麦肯锡公司针对服务客户的不同，会根据项目需要指派数名成员组成临时团队，因此，项目组成员始终处于变化调整中。而这种临时性团队由于缺乏稳定性，很容易造成工作进度不一的后果。

最初，这一问题对麦肯锡人的工作效率造成了不小的困扰，然而，善于解决问题的麦肯锡合伙人们很快便想出了解决的办法。与多变的组织相比，麦肯锡合伙人们更加重视明确个人任务的重要性，在为客户服务的核心导向下，鼓励团队成员最大化地发挥个人能力，力求在最短时间内取得最好效果。

曾长期担任麦肯锡资深董事的沃伦·卡农就号召他的团队成员在每个执行步骤开始前，为自己限定一个时间期限，并一定要在最终时间到来之前完成相应工作。以其自身为例，沃伦在每天工作之初便会将当天所需要完成的工作进行汇总统计，而后针对时间宽裕程度进行精心的分工限定，为自己的每一份任务作出一个确切的时间承诺，并自行在限定时间到来之时验收工作成果。

通过这一方法，沃伦很快便掌握了所有团队成员的进度情况，并会根据全局要求，局部调整团队成员的工作进度。而他的属下在其规范之下，也都养成了良好的工作习惯，即便是离开他的团队以后，依然能够严格要求自己，按时交付工作，都拥有极高的工作效率。

事实上，沃伦·卡农"以取得何种成果为轴心，在最短时间内取得最佳行动效果"的工作方式，对麦肯锡团队工作效率的整体提升有着十分重要的导向性。如今，承诺完成工作的时间、尽力履行自己的职责已经成为麦肯锡人一项不可或缺的工作技能。

心理学家发现，一个人一旦作出了承诺，或者公开表明了自己的立场之后，那么，他今后的行为也会在承诺的范围内进行，这就是心理学上的承诺一致性原理。著名心理学家多伊奇和他的团队以大学生为测试对象，通过实验证明，那些事先未曾公布自己看法和决定的被试有着更高的从众率，很容易改变自己的立场，而公开承诺过自己看法和决定的人则十分坚定，不容易被动摇和影响。

多伊奇和他的团队以大学生为被试做了一项关于承诺的力量的实验。实验开始前，他们让被试观看一段录像，录像播放完后，将被试分成了四个小组。

第一小组为无承诺组，即被试对该段录像的态度只有自己知道，实验中不需要将自己的看法做公开或私下的表露。

第二小组为弱私下承诺组，即要求被试将自己对录像的看法写在一张纸板上，纸板上的字是可以擦去的。

第三小组为强私下承诺组，要求被试将自己的看法写在一张纸上，不需要写下自己的名字，这张纸也不会被研究人员拿走，但必须要让他人看见。

第四小组为公开承诺组，要求被试除了将自己的看法写在一张纸上，还要在纸上写上自己的名字，并且写好之后这张纸会被收走。

实验中，由研究人员的实验助手充当假被试。假被试先会对所有的真被试发表自己对该录像的意见，而他们的意见都是一致的。之后，研究人员再请真被试们一一当众发表自己的看法。

因此，当我们接受一项任务却无法依靠自律来督促自己及时将其完成的时候，不妨试试利用承诺一致性原理，对领导和同事作出公开承诺，以促使自己在限定时间内完成任务。

1990 年，一个默默无闻的小演员从加拿大来到美国的洛杉矶寻求出路。站在穆赫兰大道的尽头，俯视着山下灯火辉煌的洛杉矶，他开始反思自己二十几年来的人生经历，并认识到，自己之所以至今都无法进入梦寐以求的好莱坞，原因便是没有作出一个承诺，一个对自己的承诺。

于是，他掏出手中的支票本，给自己开了一张 1 000 万美元的空头支票，并在日期栏内郑重其事地写下了"1995 年的感恩节"。随即，他扬起支票，对身边的朋友们说："嘿，伙计，等着瞧吧，五年后的感恩节便是我兑现梦想的日子。"

以后的日子，他始终随身携带着那张支票，无论遇见的是困难还是挫折，他都从未被它们打倒。1995 年尚未到来时，凭借《动物侦探》《面具》《傻和更傻》等喜剧大片的名气，他的片酬便已经达到了每部电影 2 000 万美元，那张支票早就可以兑换了。

这个人便是金·凯瑞——好莱坞喜剧天王！

写在支票上的日期，正是金·凯瑞为自己确定的时间底线，而正是这一写到纸面上、作出了承诺的日期，成为金·凯瑞前进的动力，并因此收获了巨大的成功。

实际上，目标承诺并非名人和名企的专利。对于任何企业中的普通员工而言，为自己设定一个完成工作的期限，并遵照承诺及时将工作做好，同样能够为自己赢得一流的效率和升职加薪的机会。

人都有一致性原则，也就是说，人往往都有一种几乎强迫性的愿望，希望自己的行为与已经做过的事情保持一致。因此，学习设计者们可以想办法要求学习者作出一个有意义的公开承诺，一旦学习者作出公开的承诺，外在的压力会驱使他们努力朝着目标去行动。

5. 建立行动后反思的学习机制

柏拉图指出，关于理性的知识唯有凭借反思、沉思，才能真正融会贯通，达到举一反三的效果。在学习过程中，培训工作者只有通过不断地对学习活动的价值和实用性加以反思，才更容易找到最佳的学习方式。

5.1　及时反思才能达成共识

反思是能把学习和工作有效结合起来的关键步骤。要做好这一点，就要先了解大家工作的实际情况，知道问题在哪里，用什么方法来改进工作和效果。

英特尔公司组织发展部高级经理艾琳·加洛韦指出："大家都说没有时间坐在那里一块闲聊，进行反思。的确，我们所处的生活环境和工作环境让我们无法抽出很多时间来。但是在实际工作中，我们面对的很多复杂挑战都要求使用不同的方法：它必须使我们能够探寻深层的，而且往往是隐蔽的意义，使背后的假设浮出水面，并把整个系统的各个部分联系起来。只有这样，我们才能了解实际情况，才能达成共识，进而采取行动。"事实上，我们并不是没有时间去反思，而是没有时间去漫无目的地为了反思而反思。如果不能结合当下的行动去进行反思，那这样的反思是没有效果的。

由美国质量管理专家休哈特博士提出，戴明宣传、普及的 PDCA 循环，将质量管理分为四个阶段，即计划（Plan）、执行（Do）、检查（Check）、处理（Act）。

P（Plan），即计划，包括方针和目标的确定以及活动规划的制订。

D（Do），即执行，根据已知的信息，设计具体的方法、方案和计划布局；再根据设计和布局，进行具体运作，实现计划中的内容。

C（Check），即检查，总结执行计划的结果，分清哪些对了，哪些错了，明确效果，找出问题。

A（Act），即处理，对总结检查的结果进行处理，对成功的经验加以肯定，并予以标准化；对于失败的教训也要总结，引起重视。对于没有解决的问题，应提交给下一个 PDCA 循环去解决。如图 2-3 所示。

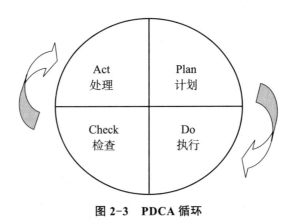

图 2-3　PDCA 循环

检查和调整阶段，也就是说计划在执行过程中或执行之后，需要检查执行情况，是否符合预期效果，及时采取相应的措施进行调整。这就是说，要建立行动后反思的习惯，这不仅在质量管理中适用，同样也适用于组织中的学习机制。

但是反思并不意味着要满足每个人的需要。在反思中，我们只需要看到行动计划是否能发挥有效作用，真正达到目标效果，然后让组织成员建立起对行动计划的共识并作出承诺，从而促进目标的达成。

5.2　开展深度会谈，促进集体思考

在反思中，沟通是极为重要的一个环节。麦肯锡公司合伙人伊丽莎白指出："任何员工都无法承受同事之间同床异梦的考验，所有的合作者都需要与公司、与其他人相互沟通，同心同德，这样的企业才能壮大，这样的员工才能拥有更好的发展。"

长期从事麦肯锡英国公司咨询顾问培训工作的马克斯·兰茨伯格指出，善于沟通的员工在沟通中获得的收获，往往要比他们付出的更多。

第一，这些员工可以为自己创造更多的时间来做一些更高质量的工作；第二，帮助自己培养更好的交际关系；第三，使自己的组织更加强大，并从组织中获取帮助；第四，培养更能干的追随者。

无论是工作还是生活，没有沟通，就必然无法奢求理解。关于人与人是怎样达成理解并形成某种程度的心理吸引力的问题，著名心理学家扎琼克有一个非常著名的试验。扎琼克给出了一组照片，让一群被试分别按照不同的次数观看照片，而后按照自己对照片的喜欢程度进行排序。

实验结果表明，在并不认识照片中人物的情况下，某张照片在被试视线中出现的次数越多，排在前面的可能性便越大。这个试验所揭示的心理现象是：简单的呈现就能导致吸引，并由此证实，人际交往的频率越高，人际关系的改善程度就越大。因此，我们不难得出结论，沟通其实并没有想象中那么困难。

麦肯锡人认为，信息是企业生命的起搏器，在一个企业或者一个单纯的

组织当中，团队成员获取的有效信息越多，工作效率便越高，获取信息的速度越及时，执行失误出现的概率便越小。因此，为了提高有效信息的流通效率，麦肯锡人创造了许多独到的交流方式。

每个麦肯锡咨询团队的内部沟通都有两种基本方法："一种是传递信息（以语音信箱、电子邮件或备忘录等形式），另一种是深度会谈。"

深度会谈也是一种快速促进信息传播的有效手段，是把团队紧密联系在一起的黏合剂。前麦肯锡项目经理苏珊娜·托思尼曾对此评价道："麦肯锡团队会议可以让有益的信息充分流动，并提醒那些出席会议的人，大家身处一个集体当中，这样的交流毫无障碍可言。"

在组织学习中，深度会谈能够促使人们就敏感问题或热点问题展开自由探讨，发表自己创造性的见解，倾听他人的看法。通过这种高质量的沟通，可以实现集体思考，有助于组织创造更多的学习机会和产生更多的学习行为。

著名培训师迈克尔·马奎特指出，在营造有利于深度会谈的组织环境上，组织可以从五个方面着手，如图 2-4 所示。

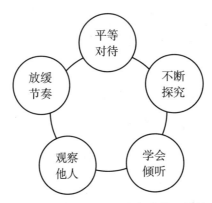

图 2-4　组织营造支持深度会谈的环境的方法

平等对待是指我们在深度会谈的过程中，要把对方当成同事来对待，不要因为对方的职级而有所保留或态度不好；不断探究要求我们发扬探究精神，针对重要问题要不断地追本溯源，找到问题的本质，实现学习的价值；学会倾听是指我们不仅要积极发表自己的见解，同时也要能够倾听他人的想法，给予他人分享的机会，接受不同的意见；观察他人是指在会谈过程中，我们可以通过观察其他成员的行为，来确认信息的真实性；放缓节奏是指在不断探究问题本质的同时，要注意提问的节奏，如果节奏过快，则会影响他人。

深度会谈不是为了驳倒对方的观点，而是通过平等的沟通，增强相互的理解。在相互理解的过程中，形成一致的观点和有效的配合，最终成为共同合作的伙伴。这才是成功的深度会谈所要达成的效果。

5.3　持续优化学习体验感和获得感

乔布斯有一句风靡全世界的座右铭：求知若渴，虚心若愚（stay hungry，stay foolish）。但这并不是他的原创。最初提出这句话的人是凯文·凯利，美国著名的科技预言家和科技作家。他对于这句话的理解是："我们必须看到自身的狭隘和浅薄之处，如果不能够一直地充实自己，那么我们本身的知识能力会随着时间慢慢流失。因此，我们必须怀着谦虚之心寻求知识。"

事实上，永不满足之心不仅适用于求得知识的过程中，也同样适用于工作中。只有有了初学者的永不满足之心，才不会故步自封、停滞不前。

社交网站的开创者——美国 Friendster 公司，2003 年 3 月初次在网络上登场，首创了社交网站的概念。6个月后，该公司已经拥有300万的注册用户。然而，这样的成功让该公司沉醉于此，丧失了改进的动力。三年后，Friendster被一系列的后来者赶超了。仅仅三年时间，就经历了一个从开创者到被超越淘汰的命运。

不要停留在现在，不断追求一个全新的自己，这样每一个全新的自己都会有新的目标与进取之心。这大概也是乔布斯那句座右铭的另一层意思：永不满足，不停地前进。组织在开展学习活动时，也要尽力满足个人的这种永不满足之心，不断优化学习体验感和获得感。每开展一次学习活动，我们都应该经历这样一个过程，如图2-5所示。

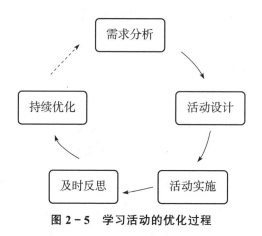

图2-5 学习活动的优化过程

组织在优化学习活动时要加入更多新的元素，让学员充当学习的主角，自觉体验，自觉获得。

华为的项目管理培训充分利用场景化学习的形式。华为项目管理培训的第一步就是学员通过慕课，自学项目管理的基本知识，时间和地点由员工自由掌握，从而合理分配工作时间和培训时间。

在慕课完成自学后，学员来到华为大学的课堂学习，这是第二步。课堂会把学员分成不同的小组，每个小组都将拿到大量真实的项目案例资料，学员根据前期学习的项目管理知识，对案例进行识别和分析。

第三步则是学员依据前期所学到的理论知识和在课堂上已经了解的项目案例，制作一份项目实施计划和方案。这需要小组内所有学员的配合。同时，华为也会邀请项目管理的资深专家，评估学员的实施计划和方案，引导他们发现实施计划和方案的优势和劣势。

对于那些比较成熟的实施计划和方案，会让专家帮助学员进行修改，并真正开始执行。项目结束后，还会对项目进行复盘，发现问题，找到原因，进而对项目实施方案进行优化，使学员将自身的经验和所学知识融合在一起。

总的来说，建立行动后反思的学习机制是为了持续优化学习活动，实现学习活动的价值最大化，为组织绩效的提升作出贡献。

第3章
裂变式学习运营管理

彼得·德鲁克指出："管理者的本分，在求工作之有效。"为了提升组织学习的有效性，我们积极探索组织学习的运作模式，通过理论学习和一些项目的实践，提出了全新的组织学习方式——裂变式学习。

1. 学习运营小组的组建

　　裂变式学习运营管理的第一步就是组建学习运营小组，只有拥有一支具有很强战斗力、凝聚力的团队，彼此之间相互鼓励、学习、合作，才会大大提升组织学习的效率。

1.1　瞄准方向，搭建学习小组运营框架

　　在京瓷公司快速发展、规模不断扩大的过程中，稻盛和夫非常渴望赢得能够同甘共苦、共同分担经营重任的经营伙伴。于是，他把公司细分成所谓"阿米巴"的小集体，从公司内部选拔阿米巴领导，并委以经营重任，从而培育出许多具有经营者意识的领导，也就是经营伙伴。

　　阿米巴的设立有三个条件：阿米巴必须是一个独立核算单位；阿米巴是一个独立完成业务的单位；把组织划分成能够执行公司目标与方针的单位。

　　每个阿米巴都有一个领导，他们是阿米巴的经营者。各个阿米巴是在同一个经营理念的指引下，在同一个公司内共同运转的、有着共同命运的"零部件"。与此同时，支撑阿米巴经营的经营管理部门必须搞好确保

阿米巴经营正常运转的基础建设，包括业务体系和规章制度的设计，当然还要确保经营信息的准确传递和及时反馈，并且要对公司资产进行健全的管理。

裂变式学习小组和"阿米巴"经营有着一定的类似之处。每个学习小组都是独立的单位，有特定的学习方向，这些学习小组能够共同支撑组织目标的实现。

在组建学习运营小组时，首要的就是确定学习方向，在此基础上来搭建运营框架。之所以要瞄准学习方向，就是因为盲目的学习者往往容易因为动力的不足提早放弃，或者由于目标的不清晰难以获得高效的学习效果。这样的状况我们能在历史中搜寻到些许印记，请看这样一个故事。

牛顿是世界上伟大的数学家、物理学家、天文学家以及自然哲学家。对于取得如此成就的人，人们常常会以为他天资聪明，甚至是传闻中的"天才"和"神童"，实际上并非如此。

童年时期的牛顿身体极度虚弱，头脑也不是很灵活，更难说聪明。他五岁的时候入学读书，却因为资质平常而成绩很差，甚至因此受到他人的歧视。虽然如此，他却有着执拗的性格。少年的他十分喜欢制作一些小玩意，一旦决心要做什么东西，他就会认真阅读各种资料，勤奋学习。

就这样，即使不算聪明的牛顿，也发明了很多古怪的小玩意，比如风车、木钟、折叠式台灯。一次，他还设计了一盏灯笼挂在了风车的尾巴上，夜晚来临的时候，就像是一颗颗彗星。

正是凭借具有目的性的学习方法，牛顿从 16 岁开始决心很好地掌握自己薄弱的数学知识，最终成为一名伟大的数学家。接着他又通过不断学习，最终在其他领域获得了突破。

可见，学习目的对学习而言是何等重要，即使不算聪明的少年牛顿也因为怀着做好"小玩意"的目的学习，成功制作了很多小玩意。这样的道理也同样适用于我们在职场的学习。

所以，组织只有确定了学习方向，成员才知道自己是为什么而学习，即拥有明确的学习目的，才有利于学习小组取得高效的学习成果。在此基础上，就可以搭建学习小组的运营框架了，包括统一愿景和价值观、确定组织运行机制、各岗位职责与分工、组织规模、学习形式和周期等。

通用电话电子公司的总裁查尔斯·李曾说："最好的领导者是构建他们的团队来实现梦想。"在企业发展之初，团队的构建始终是一个核心问题，优秀的团队将促进企业基业长青。

麦肯锡公司在构建和管理团队时有一套严格的"7S"战略，"7S"包括组织构造、战略、人才、组织文化、组织具备的优势、公司体系和共同的价值观。麦肯锡公司认为，在企业等组织里，各种制度、战略、构造以及人才观、价值观等因素相互交错、互相影响，最终会形成一种独特的企业氛围和文化。

此外，麦肯锡还根据"7S"框架中的各个因素的不同作用将其分为"硬件"和"软件"两大部分。

硬件主要包括麦肯锡的战略、组织构造、公司体系三个部分。战略是指开拓市场、增加占有率、开发新产品等提高企业优势、定位企业方向的计划和活动。组织构造是指，麦肯锡内部部门任务划分、管理体制机制等完成事业时必需的人力与物力的变动情况。公司体系指麦肯锡的信息体系、经营计划、预算管理、聘用培养等内部结构。

麦肯锡"7S"框架中的软件包括组织文化、组织具备的优势、人才和共同的价值观。组织文化主要包括公司的经营方式、公司风气、企业文化和传统。人才指具有各种能力、潜力的员工。共同的价值观指企业中全体员工共有的理念、梦想和愿景。

麦肯锡公司认为，只有"硬件"和"软件"达到一种和谐统一的状态时，才能使企业组织系统释放出最佳的发展状态。

在麦肯锡的实际发展过程中，"7S"框架不仅吸引了大批优秀人才加入麦肯锡团队，提升了整个团队的竞争力，在团队的发展出现问题时，也可以通过对各个因素的分析与排查，以最快的速度发现问题，随后解决掉问题。

麦肯锡的"7S"框架结构充分说明一个优秀的组织构架对组织发展的重要意义，打造高效的学习型组织也不例外，组建一个优秀的学习运营小组，更易于实现组织的群策群力。

1.2　找到那些具有自主学习和分享精神的人

稻盛和夫在挑选阿米巴长时会努力发掘具有经营者意识的人才，组建学习小组也一样，我们要找到那些具有自主学习和分享精神的人，让他们形成示范效应，带动其他人也加入组织的学习活动中来。

具有自主学习精神的人才能真正成为学习的主人，通过主动参与学习过程，自发、自觉地投入学习，这种良好的学习习惯，比强制性学习能带来更高的学习效果。同时，学习效率的提高又会促使人们进一步的自主学习，从而形成良性循环。因此，对于组建学习小组而言，具有自主学习精神的人不仅能带动其他人养成良好的学习品质，同时也能提升组织的学习效率。

不仅如此，分享精神也是挑选学习小组成员的标准之一。稻盛和夫曾经用"提高心性，扩展经营"这句话来描述人格与企业绩效之间的关系，即一个企业若想扩展经营，那么先决条件是必须提高所有人的心性，提升大家的人格。能够做到这一点，企业业绩就会提高。

稻盛和夫在大学时代，是一个认真读书的人。他的一位同学见稻盛和夫生活枯燥，就拿出 100 日元，邀请稻盛和夫玩弹子机。稻盛和夫输光后马上便转身离开。没几天，这位同学再次邀约，稻盛和夫虽然赴约，但最终仍然发生了上一次的结果。待第三次时，稻盛和夫刚说要离开，他的同学便马上挽留："稍等一下嘛，我也快结束了。"随后一起出了弹子房，而这位同学又邀请稻盛和夫去吃一种当时很出名的"吃一惊"面条（一碗面里放两个鸡蛋）。打弹子赢了钱，不是自己一个人独占，而是很慷慨地与朋友分享，这种胸襟与行为让稻盛和夫大为震动。

在一个团体中，能够分享很重要，它不但能增强团队成员之间的凝聚力，甚至还会让奇迹发生。在组织学习中，相互之间通过分享和交流，能够发现自己的不足，学习到更多新的知识和经验，从而弥补自己的短板，让每个人都能成为更优秀的人。

在吸引了足够多的学习者后，就需要挑选一个合适的人成为学习运营小组的领导者。稻盛和夫表示京瓷是按照"实力主义"来挑选领导者的，他指出："所谓'实力主义'，就是不受年龄和经历的限制，大胆提拔有真才实学的人，把他们放到负责任的岗位上，由他们来领导公司走向繁荣。"

首先，作为学习小组的领导者，必备的素质之一就是具有领袖精神。彼得·德鲁克指出："领袖的唯一定义就是有人跟随的人。有人善于思想，有人能先知先觉，这都很重要，也很有价值。但是如果没有跟随者，他们就不能算作是领袖。卓有成效的领袖，不是说他被人爱戴，也不是说他令人仰慕，而是说他带领大家一起做正确的事。领导力不意味着人见人爱，而意味着产出结果。"

如果在职场中我们也能够影响其他员工对问题的态度，那么我们自然而然就是一个有影响力的领袖。为了成为有影响力的领袖，我们可以从以下几个方面做起。

（1）与他人习性相似

领袖通常要与受影响的群体有相似的价值观以及处世态度，但又要在个人兴趣以及专业技能上与群体有些许不同。一项研究表明，与群体的相似程度越高，意见交换的频率往往更高。这与人的相似性心理是一样的道理，因为价值观和处世态度相似，领袖所发表的言论和观点才更容易被群众所接受和引起共鸣。

（2）提高自身学习水平

领袖要有更强的学习能力，同时也要有多方面的渠道来快速获取更多的信息，以对群体产生迅速的影响。比如频繁参加一些各类自身圈子以外的活动，多阅读报纸、杂志以及多看电视、网络新闻等。

（3）个性中不失平易近人

领袖要有一定的个性，这样才会更被群众所注意。但是，值得注意的是，意见领袖的个性程度，不应该与其他员工相差太大。因此，在群体中，意见领袖通常应该表现得更加自信和外向，同时对于他人的批评还应该表现得比较宽容和谦虚。

另外，值得注意的是，组建学习小组时应坚持员工自愿参加和自愿组合的原则。因为学习活动是员工日常工作之外的一种活动，组织可以通过提供奖励等支持性措施来鼓励员工参与，尽量避免强制员工参与，否则容易带来反效果。

1.3　明确小组成员各自的分工与职责

彼得·德鲁克指出："当以自己应该做什么这个问题为出发点时，人就自由了。承担责任，获得自由。""经营管理之父"法约尔提出企业管理的十四项原则，其中之一就是"分工明确"。这些都说明，对一个组织来说，分工明确，让成员保持一致的行动方向是至关重要的。只有分工明确，提高个人的工作效率，才能提高组织决策的执行效果。

团队在完成任务的过程中，只有个体之间相互沟通配合、分工明确，才能高质高效地完成工作。分工明确是为了让成员清楚自己的职责所在，如果分工不明确，就会造成大家责任不清，不知道自己该干什么工作，也可能大家都在做同样的重复工作，不仅浪费时间，办事效率低下，而且也不能产生价值。

在心理学效应中，有个责任分散效应，也称旁观者效应，是指对某一件事来说，如果单个个体被要求独立完成任务，责任感就会很强，会作出积极的反应。但如果要求一个群体共同完成任务，群体中的每个个体的责任感就会很弱，一旦面对困难或遇到责任时往往会退缩。因为前者独立承担责任，后者期望别人多承担点儿责任。

法国心理学家马克斯·瑞格曼做了一个有关"责任分散效应"的实验——拉绳实验。在实验中，瑞格曼把一些身强力壮的被试分成一人组、二人组、三人组和八人组，要求各组被试用尽全力拉绳子，并同时用灵敏的测力器分别测量被试在比赛中的拉力。

结果发现，当被试一个人参加比赛时，他的平均拉力是 63 公斤，而当群体参赛时，随着被试人数的增加，每个被试平均使出的拉力都在减少：两个人一组时，人均拉力是 60 公斤；三个人一组时，人均拉力是 53.5 公斤；八个人一组时，人均拉力是 31 公斤。这就证明，在共同完成一项任务时，随着群体人数的增多，每个人付出的贡献将减少。

对此，心理学家解释说，出现这种情况，是由于责任分散造成的。麦肯锡公司认为，这种现象在团队管理中经常会出现。当一个团队共同完成某项任务时，很多人会把自己应尽的责任或应完成的任务分解、转移到其他团队成员身上，一旦这种情况出现，就会大大削弱团队的凝聚力和战斗力，使团队的整体功能大打折扣。同时，责任分散效应还会助长个体对团队的依赖性，造成人力资源的极大浪费。

为了避免责任分散效应对企业带来的不良影响，应该做到责权明确。在这方面，海尔集团的一些做法值得我们借鉴。

到过海尔集团的人会发现：该厂的卫生环境特别好，即便是厂房窗户上的玻璃，也干干净净、一尘不染。海尔集团之所以能有如此干净的卫生，最初是源于对材料库的管理。

海尔过去的某个材料库，由于经常有人来参观，所以必须始终保持干净，可是，让五层大楼上的2 945块玻璃保持干净并不是一件容易的事情。如果请外人来打扫既要花费一大笔钱，又怕商业秘密外泄。

所以，材料库的管理人员们想出了一个高招：把2 945块玻璃分工到人，并在每块玻璃旁贴上一张编号小条，小条上有擦玻璃人和监督人的编码。如果哪一块脏了，直接找这两个人即可。这种方法实施后，整幢大楼的玻璃都有专人管理了，故而随时都保持得干干净净。

由此可见，将责任明确到人是保证所有工作顺利完成的前提。事事有人负责，员工就不会有旁观者的心理，就不怕出了问题找不到责任人。

由于责任带有一定的义务性色彩，尽可能地规避责任是人的天性，在团体性工作中更是如此。因此，在团队成员开展工作前，企业领导者不妨为团队成员界定清晰的责任，做到赏罚分明，责任落实之后，每个员工的责任感和积极性会大大提升。

在德鲁克的诸多著作中，都特别强调关于构建管理人员结构的重要性。他认为，组织管理工作应由一个班子而不是由一个人来担当。

亨利·福特不相信管理人员，不敢大胆放权，这在很大程度上导致了福特汽车公司后期衰败以致几乎崩溃。研究表明，福特汽车公司在其快速发展和成功的时期（1907年至20世纪20年代早期），事实上是由福特和处于平等地位的詹姆士·库曾斯组成的一个真正的高层管理班子来经营的，许多领域的最后决策权在高层管理班子中有着明确分工。库曾斯离开福特汽车公司进入美国政界之后，亨利·福特"大权独揽"，公司由其一个人担负经营与管理责任。从那以后，福特汽车公司开始走下坡路。

因此，德鲁克建议，把每一项任务明确地分配给每个人，作为他直接的和首要的职责。

明确学习运营小组成员各自的分工与职责同样也很重要，我们可以根据实际情况来对组织成员进行分工。例如学习小组领导者的职责包括：营造小组的学习氛围、把握学习方向、落实学习目标与愿景；为了学习小组的发展，不断发掘更多热爱学习的人员；主持安排小组的学习计划和工作安排，等等。通过明确的分工，形成团队合力，使学习小组能够高效运转，实现团队目标。

2. 细化学习内容，制订活动方案

各类学习活动开展前，学习运营小组都要根据学习主题制订活动方案，明确学习的内容和目标，以实现对学习活动的规范化、流程化管理。

2.1　根据学习计划，细化学习内容

对于学习活动的开展，学习运营小组需要制订一套完整的学习活动计划，学习活动计划工作内容主要包括以下几方面，如表 3－1 所示。

表 3 - 1　　　　　　　　　　学习活动计划工作内容一览表

分析内容	具体说明
确定学习目标	学习目标可能包括： ● 认同企业文化 ● 岗位技能提升 ● 塑造职业素质
确定计划的内容	（1）方式选择 内部培训还是外部培训，或者两者结合 （2）师资力量 ● 内部专业讲师 ● 外部专家 （3）费用预算 ● 预算的投入与回报分析 ● 预算审批和通过
制订学习活动方案	根据组织面临的环境和问题，选择、制订相应的策略和措施。
学习内容设计	将需求、学习目标和学习方式等转化成具体的培训内容，称为学习课程设计，包括： ● 企业文化 ● 岗位职责 ● 工作操作流程 ● 人员道德素质与职业标准规范 ● 成功案例讲解 ● 自我培养方式
学习活动时间安排	安排学习时间应考虑以下因素： ● 时间的长短 ● 时间与内容、方法的匹配程度 ● 课程时间的合理分配

根据学习计划，我们就可以明确学习主题、细化学习内容了。明确学习主题很重要，就像在写文章的时候，我们需要确定文章想表达的中心思想，才好展开其他内容的书写。因此，只有确定了学习活动想要呈现的主题，才

能保证大家学习的方向是一致的，才能保障学习活动的价值产出。在此基础上，我们可以针对明确的学习主题，细分成不同的学习内容，确定每场学习活动的目标。

在现今的培训管理中，我们发现：越来越多的企业开始重视开展学习活动，但可惜的是，学习的效果并不尽如人意，而导致这种现象的罪魁祸首就是：在组织学习活动之前，学习内容与组织成员的需求不符合。对此，我们应该对学习前的需求工作予以高度重视，以此确保学习活动的有效性。

2.2 梳理流程，明确活动规则

确定学习内容以后，学习运营小组要对学习活动的整个流程进行梳理，包括活动前的准备工作、活动进行中的注意事项以及活动后期的其他工作，并制定相应的活动规则。

规则制度的作用在于规范组织的学习活动，保证学习活动顺利进行。学习活动的管理规则通常包括以下几方面，如表 3 - 2 所示。

表 3 - 2　　　　　　　　学习活动管理规则内容一览表

规范对象	规则名称	编制说明
运营管理	《学习计划管理规定》《学习效果评估规定》……	主要是对学习活动组织和实施工作的方法进行相关规定，目的就是使学习活动的组织工作符合标准化和科学化的规定，保证实施效果
资源管理	《经费管理规定》《设备管理办法》《学习档案管理规定》《学习物品管理规定》……	是对学习活动所涉及的资源进行管理，使学习资源的使用达到合理化
学员管理	《考勤管理规定》《积分管理办法》《考核与奖励规定》……	这部分内容将学习活动与绩效等方面有效结合起来

学习活动运营小组在明确了规则的规范对象的大致框架后，就需要组织人员来编制具体的条款。

（1）明确学习活动管理规则的责任分工

学习活动管理规则的设计，由学习运营小组负责人主持并负责监督，具体条款可指派合适的人员进行编写，条款的具体内容多数是参考培训部门的相关制度规定，然后在此基础上进行完善修正。

（2）落实学习活动管理规则的编制工作

通常学习运营小组的负责人将规则的编写范围与要求告知相关的编写人员，让他们在规定的时间内编写出一套初稿，然后举行圆桌会议，通过讨论，最终以过半数同意的规则进行公示宣传。

理论上，每一项规则的制订都应该经过试行、修正、最终执行这几个阶段。由于学习活动自身的灵活性，所以相关的规则也会随着每次活动出现的管理不善问题进行调整，它是一个不断试行、修正的过程。

2.3　制订一体化的活动方案

在编制活动方案之前，学习运营小组还需要确认企业对学习活动的预算有多少。如果预算不到位，那么学习运营小组就需要根据资金的具体数目进行方案的编制，否则，超出预算的一切计划都将是空谈。

通常在开展学习活动时，费用的支出流向包括以下几方面。

学习物料的成本支出。

场地的布置、租赁等费用支出。

外聘讲师的聘请费用。

组织人员的日常开支。

学习期间人员的食宿支出。

当然，因为学习活动的变动，上述开支也会随之作出相应的调整。学习运营小组在确定了各方面的支出之后，就可以组织编制预算报表了。

在确定好学习内容、活动规则、活动预算后，学习运营小组就可以开始编制一体化的活动方案了。学习运营小组在编制学习活动方案时，通常会形成一份设计初稿，然后与小组成员进行讨论协商，将其中的不足进行修改，最后提交到上级领导处，经由领导审核通过后，学习运营小组就可以根据计划中的各项明细落实相关工作了。

需要说明一点：上级领导在对学习活动方案进行审核时，通常会考虑以下几方面，如表 3－3 所示。

表 3－3　　　　　　　　　学习活动方案的审核内容

审核内容	评审要点
及时性	是否按时上交
可行性	学习活动的预算是否合理 需要的相关支持是否得到满足
内容的完整性	重要内容有无缺失 内容是否满足组织需要

因此，学习运营小组在制订活动方案时，要格外留意这些内容。只有把这些要点内容都考虑到，才有可能赢得上级的支持。

3. 学习资源的获取和管理

管理大师彼得·德鲁克说："智力、想象力以及知识等才能只是资源，资源转化为成果是靠管理者的有效工作。"因此，在德鲁克看来，要想充分发挥资源的价值，就需要管理者充分发挥自己的智慧，让员工有效获取与工作相关的资源，从而保证资源利用实现最优，为团队创造更多的价值。在团队学习中，如果成员不能获得与学习相关的资源，就会影响其学习积极性，进而影响整个团队的学习效率。因此，学习运营小组要积极主动地去赢得各方的支持，有效获取和管理学习资源。

3.1 全方位展示项目价值

为了获取学习资源，学习运营小组要抓住一切机会，向其他人展示学习项目的价值。这就如同我们的销售人员去推销产品所要完成的工作一样。

事实上，人的一生都是在不断地推销中。日本"推销之神"原一平这样说过："人人都是推销员，什么事都与销售有关，自从你诞生以来，你一直都在推销。小时候，你用哭闹向妈妈推销，接到的订单就是牛奶和妈妈暖和的怀抱；演员向观众推销表演艺术；创造家推销自己的发现；律师向法官推销辩解词；政治家推销政见……"要想推销成功，我们就需要掌握一定的技巧。

首先，把握好开头。在展示学习项目的价值时，无论是以口述还是文字报告等形式来呈现，开头都是很重要的。每个人的耐心都是有限的，如果我们在报告的开头只讲了一些毫无用处的话，这不仅浪费了大家的时间，反而会引起对方的反感。因此，我们要开门见山地指出项目的价值所在，吸引对方的注意力。

其次，多角度挖掘项目价值。在犹太商人圈中，流传着这样一条经典的生意经：对方需要什么，就尽力给他什么，只要满足了他的心理需求，对方也会满足你的需求。因此，要想赢得对方支持，学习运营小组就必须想办法将项目亮点转化为对方需要的东西，满足对方的心理需求，然后对方才能满足你。

兴业证券财富管理学院执行院长孙国雄指出："企业大学在公司内部难做，往往与自我认知有关：一方面，觉得既然都是兄弟部门，有些事情是理所当然的，而事实往往并不如此；另一方面，以自我认知代替他人的认知，力气没少花，但不在点子上，当然就很难得到认同。我们的做法是将其他部门视为自己的客户，在项目的选择上关注业务伙伴的需求和意愿。各个部门的领导平时工作都很忙，我们一定要尊重他们的时间，利用各种机会去挖掘他们最迫切的需求，去帮助他们实现这些需求，并向公司申请立项；有时候可能他们并没有想好到底该做什么培训、怎么做，我们就要协助他们把事情厘清。"

另外，以专业性打消对方的疑虑。对方在决定是否为学习运营小组提供资源支持时，肯定要对学习项目的信息进行全面了解。在这种情况下，如果学习运营小组的成员不能对项目进行全面、细致的介绍，或者不能够解答对方针对项目提出的疑问，那么，对方很可能因为不了解项目或不信任学习运营小组而不予提供资源支持。

因此，学习运营小组的成员需要熟知专业化的信息。专业化的信息可以提升对方对学习运营小组成员及项目的信任度，更有利于对方采纳学习运营小组成员提出的观点与建议。以下实验就可以证明这一点：信息来源决定人们对信息的接纳度，从具有说服力的信息来源处获知的信息更容易被人们信服并接受。

有一个关于信息来源与信息采纳度关系的研究。在实验中，研究人员向被试呈现了三份关于"处理某犯罪问题的态度"的材料。这三份材料的来源不同：第一份材料来源于专门处理该领域问题的法官，材料中体现的是该法官的观点；第二份材料来源于过路人，是研究人员综合了过路人的观点而整合出的材料；第三份材料来源于曾经因这一犯罪问题而进入监狱的罪犯，材料中体现的是罪犯的观点。

然后，研究人员让被试们在阅读过这三份材料之后，对其中的观点，通过"同意"与"不同意"的形式表达出自己的态度。每位被试可以同意多个人的观点。

结果显示，有73%的被试表示自己同意法官的观点，有63%的被试表示自己同意过路人的观点，而只有29%的被试表示自己同意罪犯的观点。

实验结果表明，信息来源影响人们对信息的信任度与接纳度。这就是支持法官与支持罪犯的人数如此悬殊的原因。那些来源可靠的信息，人们更愿意相信并接纳，而那些来源不可靠的信息，人们则一开始就已经将它们画上了"不合理"的符号。因此，学习运营小组如果想让对方相信并接纳自己所说的信息，就要通过专业化的描述来提升信息来源的可靠性，从而获得对方的信任。

3.2 赢得各方支持，获取资源

德国哲学家叔本华指出："要尊重每一个人，不论他是何等的卑微与可笑。要记住活在每个人身上的是和你我相同的性灵。"英国哲学家培根如此说道："集体的习惯，其力量更大于个人的习惯。因此，如果有一个有良好道德风气的社会环境，是最有利于培训好的社会公民的。"可见，某项群体决策的落实必须获得上下全体认同，仅仅凭借单一一个层级的认同是无法实现理想的目标的。

要想快速获取学习资源，成功开展学习项目，必须建立在一个重要前提下，即得到所有人的一致认可，这样才更容易达成目标。在这一点上，稻盛和夫在运营京瓷公司时做出了许多努力。

稻盛和夫曾在公司里废除旧有的职务制度，如部长、科长、系长等称谓直接被废除；然后，根据不同工作，设立了"负责人"制度。如果一个部门的工作表现不尽如人意，那么只需撤换掉那个部门的负责人，使之重新成为普通员工，并指派其他人员来接替其负责的工作任务即可。这样一来，便可避免员工因"丢面子"而辞职，或者产生抵触情绪的情况了。

在员工薪酬方面，稻盛和夫还设立了资格制度。所谓的"资格"是指代表员工岗位能力的待遇。员工资格可以分为参事、副参事等，员工所获的薪酬便是以"资格"为基础，然后加入资历因素来确定的。此外，"负责人"并不会被发放额外的职务津贴，所以即便他被解除负责人的职务，其薪酬也不会因此受到任何影响。

就这样，在京瓷公司里，以资格来表示员工所得到的待遇，而担负具体职责的负责人的人选，则由稻盛和夫来选择并加以任命。

稻盛和夫通过这种方式，得到了所有员工的认可，自然也就团结大家能够更加努力地为公司奋斗。学习运营小组也可以通过一定的方式，来赢得各方对自己的支持，获取学习资源，以支撑学习活动的成功举办。

首先，学习运营小组需要获得上级经营层的支持。因为企业内人、财、物等资源都是有限的，经营层必须意识到学习项目的战略意义，这样才能出面组织协调，并调动有限的资源来支持这项工作。特别是经营者在改变员工行为习惯、建立业绩文化、达成组织绩效目标等方面，发挥着不可替代的作用。因此，学习项目的推行必须要获得经营层的配合。

在麦肯锡人看来，最理想的问题解决方式绝不是孤军奋战，而是充分利用各级资源，让别人弥补自己的局限。

在麦肯锡公司，资深的咨询顾问总会对新人提出这样的建议，要充分理解他人和自己的局限，不仅要理解你的团队、你的企业、你的客户，更要看到自己弱点，正视这些弱点，并且充分意识到，在现代企业中，只靠自己的力量是不可能走远的。

负责对麦肯锡英国公司咨询顾问进行培训的马克斯·兰茨伯格曾经对他的学生列举了一个他在纽约工作时的例子。一次，其所在的咨询团队承接了一个印度跨国公司的咨询项目，而在此之前，纽约团队中没有任何一个咨询顾问与印度企业合作过，因此，对于一些细节问题，咨询顾问们很难确认。正在众人一筹莫展之际，一名助理咨询顾问忽然想到，公司的一个领导以前在印度工作过，是不是能够向领导寻求帮助？于是，他便将疑问列表，用邮件发给了领导，几个小时后便得到了领导的回复，帮助他们解决了之前的疑难问题。

在工作中，遇到凭借个人能力难以解决的问题时，要积极向他人寻求帮助，从而获取解决问题的信息与资源。我们常说"有关系就没有关系，没关系就有关系"，这话一点都没错，不止是在麦肯锡公司，在国内企业更是如此，华为公司也强调要建立好自己的关系网。

事实上，各级资源不仅包括朋友、客户，上级也是员工的资源。上级拥有更多的权力，朋友圈更广，在工作中与上级搞好关系，主动向上级寻求帮助，能够更快地解决问题。

彼得·德鲁克曾说："你不必喜欢或崇拜老板，也不必恨他。但你得管理他，好让他为组织成效以及你个人的成功提供资源。"

因此，学习运营小组要先学会管理领导及其期望值，可以通过用事实数据讲道理等方式提出资源支持需求。比如关于学习场地的选择，用相关数据进行分析，让领导了解在公司内培训将受制于环境，可能造成学员出勤率低等情况，用类似的方式来获得上级的资源支持。

另外，学习运营小组的资源也可以来源于各业务部门，因此也需要获得它们的支持。各业务部门是学习项目的参与人员，要帮助它们准确理解学习活动与业务目标之间的关系，使其在学习过程中成为自己命运的主宰者。

为此，学习运营小组可以积极号召业务部门介入到学习活动中来，形成共同体，为建设学习型组织作出贡献。特别是在项目设计、讲师甄选、内容沟通等方面，可以让业务部门参与进来，充分发挥其作用。如果业务部门亲自参与学习项目的设计，不仅可以使学习项目更加贴合其业务需求，而且也有助于促进学习效果落地。例如，在项目实施方面，学习运营小组可以邀请业务部门作为联合承办方，利用互惠原则，增强业务部门的参与感以及责任感。

4. 招募活动参与人员

在制订活动方案并获得相关资源支持以后，我们就需要进行活动参与人员的招募工作。一个好的学习项目能不能吸引足够多的人来参与，能不能快速实现价值转化，这就考验学习运营小组的营销推广能力。

4.1 组织营销活动，扩大影响力

将麦肯锡管理咨询公司推向世界之后，马文·鲍尔曾经说："能干的管理者总是能够站在阳光下，总是善于抓住人们的注意力，让属下注意到他的建议和方案，麦肯锡人之所以能够高效工作，同样是源自每个项目成员对其他成员的高度吸引力。"

布拉德·布朗是麦肯锡全球资深董事之一，常驻纽约分公司，在其担任咨询顾问期间，他所在的团队总是纽约地区工作效率最高的。

一次，他的一位从事销售行业的朋友格林终于忍不住向他求教道："为什么你无论做什么事总能在最短的时间内完成呢？"

"因为我总是全身心地认真去做。"布朗并不认为这是什么秘密，坦诚地说道。

"在我的督促下，我的员工们也都在全力投入工作啊，可是，他们的工作效率仍然无法达到预期。"格林依旧费解。

"不，我的朋友，我想你的员工并没能做到全力投入，如果真正百分百地投入工作的话，他们只会充分吸引你的关注，而非引来你的监督。"

布朗继续解释道："个体效率低下或许是员工个人能力问题，但整体效率低下便是因为团队沟通不畅。你的人并不懂得吸引同伴关注的重要性。在我的团队中，每个人都拥有各自的神秘技巧，在项目的各个阶段里，该阶段最核心的咨询顾问总能充分吸引其他团队成员的注意力，然后集中精力寻找那些能够帮他把工作落到实处的人，这样，所谓的工作瓶颈，便可以在同事的帮助下迎刃而解了。"

法国生物学家乔治·居维叶说过："天才，首先是注意力。"同样地，我们要想让自己的工作变得更顺利，也要学会如何去吸引别人的注意力。

从发展心理学和人格心理学角度而言，喜欢吸引他人注意力的人，往往对工作和生活充满期待。这类人一旦成功吸引了众人的注意，便会建立起成功心理，并在此基础上充分利用众人的帮助而成就大事。

那么，在开展学习项目的过程中，我们怎样才能充分吸引其他人的注意力，使其主动加入到学习活动中来呢？大家不妨借鉴一下以下做法，通过组织营销活动，吸引大家的关注，扩大活动的影响力。

第一，线上宣传。在企业官网、官方微信及微博、各部门工作群组及时发布学习活动的消息。这个消息不能只是简单用几句话概括活动时间、主题等，而是要用一些能够吸引大家眼球的话语来让更多的人报名参加活动。毕竟，我们在组织内部面对的是一个"信息冗余"的环境，要想让学习活动的信息在第一时间被大家捕获，学习运营小组在这方面要下点苦功夫。

第二，线下宣传。在公司公告栏或一些显眼位置，摆放广告牌，吸引大家的关注。总之，不管是线下还是线上，我们都可以设计一些小游戏或者小活动，例如参与有奖或者闯关比赛等，通过这些游戏的方式来让更多的人抢着报名参加学习活动。

4.2　邀请领导者参与学习项目

　　麦肯锡合伙人马克斯·兰茨伯格曾说："做一个良好的表率是出色的领导者巩固其创造愿景、感召和动力这一程序的第二个方法。"海尔集团总裁张瑞敏曾说："管理者要是坐下，部下就躺下了。"可见，领导者对组织发展方向的重要作用。在企业中，一位领导者的作用不仅仅在于管理员工和制定战略，更表现在以一种良好的表率作用引导团队的积极行为。

　　麦肯锡公司在长期的管理咨询实践中发现，企业中的员工总能以最快的速度，并通过一系列的小道消息和直接观察的方式对某个领导者形成一种印象。

　　在日后的工作中，员工们总会目不转睛地密切注意领导者的行为方式和与其形象有悖的地方，据此判断该领导者是否值得信赖。

　　此外，麦肯锡还发现，员工们不仅评价和观察自己的领导者，很多人还会模仿他。领导的价值观和处事原则会对企业内部氛围造成重大影响。

　　大前研一曾是麦肯锡日本分社的社长，在担任社长的十几年里，他带领的同事总是保持一种良好的工作态度和氛围，公司的任务也总是能够出色完成。

　　在被问及自己的卓越领导秘诀时，大前研一说自己采取了一种简单的方法，他会把每个任务结果预想为100，并且在下属完成工作后，用100减去部下的工作，剩下的差额，他则会想办法去努力完成。大前研一说："既然是上司，我就有责任把工作做好，我信任我的部下，相信他们有能力将工作做到97，只有剩下的3才需要我做，那么，我为什么不去做个好的表率呢？"

企业领导的表率作用也得到了心理学家的认同。心理学家发现，企业中员工们总是会自觉不自觉地模仿其上司的习惯。比如，如果一个上司习惯在下班前把办公桌清理一下，那么，即使他没有要求过他的助手和秘书这样做，他们也会在每天下班之后整理完办公桌再走。

而员工之所以会这样做，是因为他们对自己的职场之路缺乏自信，或者说，他们并不那么清楚怎么做对他们最有益。所以，他们希望跟着一个人，通过模仿、学习这个人的言行来获得成长。当遇到言行与自己期望一致的领导者时，他们就会向他靠近，不自觉地模仿他，以他为目标和奋斗的方向。

因此，正如大前研一所说的，领导者需要做的，就是努力成为员工所认可的那个模范。言传身教从来都是最直接有效的教育方式。

学习也是如此。如果领导者不支持学习项目，学习型组织的建设工作是不可能有效开展的。有领导者的支持，员工才会更加积极地参与学习活动，才有利于组织学习氛围的营造。

海尔集团开展的员工培训是关于价值观的培训。"什么是对的？什么是错的？什么该做？什么不该做？"这是每个员工在工作中必须首先明确的内容，也是企业文化的内容。

对于企业文化的培训，除了通过《海尔人》进行大力宣传，上下灌输、上级的表率作用之外，重要的是由员工互动培训。目前海尔在员工文化培训方面进行了丰富多彩、形式多样的培训及文化氛围建设，如通过员工的"画与话"、灯谜、找案例等形式，用员工自己的画、话、人物、案例来诠释海尔理念，从而达成理念上的共识。

同时，对于员工的价值观念培训，海尔还特别强调集团内各级管理人员的参与，并要求每位领导，上到集团总裁、下到班组长，都必须为下属安排价值观念培训课程。特别是集团中高层人员，必须定期到海尔大学授课或接受海尔大学培训部的安排，不授课则要被索赔，同时也不能参与职务升迁。每月进行的各级人员的动态考核、升迁轮岗，就是很好的体现：部下的升迁，反映出部门经理的工作效果，部门经理也可据此续任或升迁、轮岗；反之，部门经理就是不称职的。

行动总是胜过语言，领导者亲自参与学习项目，和大家一起花时间读书，开展深度会谈、研究和思考，通过这种良好的学习态度和积极的行动展现出他们对学习的热爱，能够为所有员工起到很好的带头示范作用。

在具体实践中，我们可以邀请领导者一起参与学习项目，让领导者通过采取一些措施来营造学习氛围：制定相应的奖励机制；经常在公开场合发表对学习的见解；为员工创造更多的学习机会；及时与员工进行沟通，为他们指引解决困惑的方向，而不是直接提供答案……通过一系列的措施，鼓励员工分享观点和意见，在领导者的带领下，使更多的员工主动参与到学习活动中来。

4.3　为活动参与人员提供支持

领导者在工作中会出现这样一种状况：你越是让员工按照你的意图去做某项工作的时候，他越是难以达到你所期待的标准；而当你对其进行一定程度的放任时，他反而能把工作做得很好。为什么会出现这种情况呢？归根结底，这涉及领导者的授权问题。

心理学家布莱姆曾经做过一个实验，表明当失去自主选择权的时候，人们对待事物的态度所发生的变化。

他将一群 11 岁的孩子作为研究对象，实验的过程极其简单，就是给孩子们分发一些糖果，但在这一过程的前后却发生了一些变化，而实验的目的就是要考察孩子们在体验了这一变化后，在态度上是否也会发生一些改变。

布莱姆把这群孩子集合在一起，并告知将有一些糖果送给他们，他们可以在两种糖果中任选其一。看起来很随意的几句话却是在向他们传递一条很重要的信息，孩子们听后很高兴。

布莱姆与孩子们说完这些话就离开了，留下他的实验助手来给这些孩子们发糖果。但是，他的助手并没有按他所说的那样做，只是任意地下发糖果。而且，当有孩子壮着胆子想要自己挑选时，这位助手会果断拒绝他们的要求。

这一过程结束后，布莱姆再次现身，并与孩子们进行了一番谈话。通过和孩子们聊天，他了解到，原本那些孩子们说过自己是喜欢某种糖果的，然而当被强行塞给另外一种糖果之后，他们的看法改变了，即认为自己喜欢的这种糖果不好看或者不好吃了。

后来，为了排除偶然因素的影响，他决定再进行一次验证。这一次，他将糖果换成了玩具，被试也变成了年龄稍大一点的孩子们，再次重复了这一实验，而得到的结果也与之前完全相同。

这个实验表明，一个人对另一个人的某些强制性行为，或者过多的干预可能会引发对方行为和态度上的改变。在企业中总是有一些领导者喜欢将所有事情大包大揽，对任何事情都要发表自己的看法，结果自己很忙，却没有任何效果。

事实上，领导者要有足够的信心，乐意放下自己的权威，授能给别人，然后专注于自己的职责。通过这种授权使每个人发挥出最大的才能，才能实现自己的抱负。

著名培训师迈克尔·马奎特指出："成为学习型组织的第一步就是把员工当做成年人来看待，成年人具备内在学习能力，成年人具备解决问题必需的技能，成年人愿意承担责任和喜欢被认可。"也就是说，成年人在学习时，希望拥有一定的自主权并获得组织的支持。这样，他们将更加具有创造性，更容易实现高效学习。

洲际集团成立于 1777 年，是目前全球最大及网络分布最广的专业酒店管理集团，拥有洲际、皇冠假日、假日酒店等多个国际知名酒店品牌。在领导力培养方面，洲际酒店集团启动了名为"领导者会客厅"的学习项目。该项目是以虚拟社区项目的形式开展的，公司各业务部门负责人以及其他高管都可以参加该项目。在这个虚拟社区中，洲际酒店集团为大家提供了丰富的学习资源，包括行业文章、标杆、企业内最佳实践等。所有参与项目的人员都拥有自主使用资源的权利，并且还可以通过一些工具发表自己的学习想法以及回应他人的信息等。

因此，在招募到活动参与人员后，我们要为其提供相应的支持，帮助他们发现学习资源，并有权力自主地选择一些资源，使其感受到组织学习的氛围。

5. 学习过程的组织

组织学习活动是为了提升组织成员的专业技能、管理能力等，同时也是组织内进行知识分享与交流的有效手段。一场学习活动的好坏不仅需要有好的培训师的引导，更需要组织者精心安排与配合。

5.1　学习活动开展前的准备工作

在学习活动正式开展前，学习运营小组需要根据活动目标，做好相应的准备工作，例如准备合适的培训场地。众所周知，物理环境也会影响学习的质量，嘈杂、拥挤和沉闷的环境会降低学员的学习兴趣。另外，培训场地的相关器材也必须提前准备好，比如：投影仪、话筒（包括备用话筒）等设备是否正常，还可以适当准备一些水果和饮料等。

惠而浦公司为了实现对员工高品质学习的承诺，建设了为员工提供系统化教育的培训中心——企业发展中心。惠而浦公司的"企业发展中心"占地 56 000 平方英尺，配置了视频、音响系统、分组会议室和带有计算机控制的大屏幕环形剧场。除了这些硬件外，"企业发展中心"在地理位置上毗邻惠而浦公司总部行政中心，这样就为高层管理者来这里上课提供了极便利的路径，使得更多的员工能听到领导层的课程，大大激发了员工参与学习的热情。

赛诺菲－安万特是全球第三大医药企业，该企业的培训中心占地 30 000 平方英尺，其中包括能容纳 200 人的演讲厅、22 间教室、能容纳 48 人的电子化测评中心、32 个沙盘模拟房间、5 间会议室等。在沙盘模拟房间中，摄像系统会随时记录学员的学习情况，为后期的反馈提供了真实的素材。

惠而浦公司的"企业发展中心"不管是在空间布局还是在物理选址上，

都为组织成员的学习活动创建了良好的物理环境。良好的物理环境不仅有利于学员之间对知识的共享，而且显示出组织对学习的重视和承诺。

前期的准备工作除了这些以外，还有很多事情需要完成。对于学习活动准备工作的监督，我们可利用点检表来进行，如表3-4所示。

表3-4　　　　　　　　　　学习活动准备工作点检表

日期:				
地点:				
序号	准备项目	要求	时间	完成情况
1	确定最终参训人员名单			□是　□否
2	确定学习地点			□是　□否
3	学习教材准备			□是　□否
4	签到表的编制与打印			□是　□否
5	游戏道具准备			□是　□否
6	教具、器材准备			□是　□否
7	学习经费落实			□是　□否

良好的开始等于成功了一半，要想学习活动收到良好的效果，准备工作是十分重要的。只有准备细致、周到、全面，学习活动才可能取得理想的效果。这一点是学习运营小组必须做到位的。

另外，值得注意的是，在准备阶段，学习运营小组还需要对学习活动实施过程中的具体工作任务进行合理分配，如表3-5所示。

表3-5　　　　　　　　学习运营小组各成员工作任务划分

工作事项	责任人	具体工作任务	时间安排
XX 学习活动	主持人	介绍学习主题 介绍日程安排 介绍管理规则	活动开始前 ____分钟

续前表

工作事项	责任人	具体工作任务	时间安排
XX 学习活动	服务人员	茶水准备 学员签到 学员心态引导 宣布纪律	活动开始前 ＿＿分钟
		关注学习现场的环境 外来电话的应对 注意学员的纪律 现场拍照以及摄影 休息安排及服务	学习活动 整个过程
	学习运营小组 负责人	做好各项工作任务的分工 适时监督工作进度 管理相关人员 评估学习效果等	根据相关人员的工作计 划表的时间进行
	机动人员	对突发事件进行处理	学习活动 整个过程

5.2　对学习活动开展过程的控制

学习活动方案设计得再好，如果在实践中得不到很好的实施，也没有什么意义。学习活动方案的实施是整个学习活动过程中的一个实质性阶段，主要包括以下内容。

第一，学习活动开展前的介绍工作。无论什么学习活动，开展前的第一件事都是介绍，包括学习主题的简要介绍、主要参与人员的介绍、学习目标及活动日程安排的介绍、学习活动现场的纪律等。

第二，学习活动现场的监督及维护。为了使学习活动顺利展开，使活动参与人员取得较好的学习成果，我们需要对其学习过程进行有效管控，具体工作事项如表3－6所示。

表3－6　　　　　　　　　学习活动的过程管控

序号	工作事项	内容和要求
1	确认活动现场情况	对各项准备工作进行一一清点
2	学员签到	在签到表中标示出迟到、早退人员
3	学习纪律督查	对不遵守纪律的学员进行记录
4	确认最后总结的议程	确认是否需要做课后总结
5	突发事件及时协调处理	及时处理学习活动中的突发事件
6	满意度评分表发放	在休息时发放满意度评分表

在准备阶段中，学习运营小组需要对各成员的工作任务进行划分，在监督及维护学习活动现场时，也需要对各成员的工作进行监督与管理，具体内容如表3－7所示。

表3－7　　　　　学习活动实施过程所监督的对象与内容

监督对象	具体监督的内容
主持人	活动之前是否清楚地说明了主题
	活动之前是否强调了现场纪律和其他注意事项
	活动之前是否对活动日程进行了简单说明
服务人员	饮用水、纸笔的准备是否到位
	是否做好签名登记工作
	能否有效引导学习者及时找到位置
	休息期时间能够为学习者提供日常便利
	能否维持现场纪律
	出现紧急事件，能否及时处理
	面对问题，能否及时联系相关决策人
	对紧急事件的进展情况，能否做好定期汇报工作

　　另外，在学习过程中，学习运营小组还需要对学习活动实施过程进行详细的记录，包括具体实施情况以及一些突发状况，形成学习过程记录文件。同时还要为学习者建立学习档案，具体包括：学习情况记录表、学员签到表、学习效果调查表以及评估表、学员学习心得与总结等，同时，这些学习档案要尽量电子化，为后续的工作开展提供可查找的文件资料。

5.3　评估活动参与人员的学习效果

　　我们知道，每一个学习计划制订的时候都会伴随着制订一套评估体系，用于学习后的效果检验与分析。通过对学习活动的效果进行评估，可以明显检验出学习者在知识技能方面是否得到了提高，同时也让学习运营小组得到了经验的积累，为下一次学习活动的开展提供参考。通常，这种评估体系的评估标准主要分为以下几个方面，如表3-8所示。

表3-8　　　　　　　柯克帕特里克培训结果评估体系的评估标准

标准	内容概要	具体说明
反应	学习内容、讲师、方法、材料、设施、场地、报名程序	观察学习者对学习方案的反应，如对项目结构、讲师的看法，学习内容是否合适和方法是否得当等
学习	讲授的知识和技能	学习者在学习项目中的进步，即通过学习活动是否可以将掌握的知识和技能应用到实际工作中，用来提高工作绩效
行为	了解学习内容在学习者开展工作时，能否对其有所帮助，能否提高他们的工作效率	确定学习者在参加学习活动后在实际工作中行为的变化，以判断所学知识、技能对实际工作的影响
结果	学习是否提高了学习者的工作绩效	即产生的效果，可通过一些指标来衡量

在对活动参与人员的学习效果进行评估时，常用的方法有以下几种，如表 3-9 所示。

表 3-9 柯克帕特里克评估的实施方法汇总表

标准	实施方法
反应	调查问卷、访谈
学习	考试、演示、讲演、讨论、角色扮演
行为	前后对照、360 度调查和绩效考核
结果	这一层面的评估可通过一系列指标来衡量，如满意度等

在选择评估方法时，应根据具体的学习项目情况（目的、对象、内容、方法与技术等）及该种评估方法所具有的特点选用相应的评估方法。在确定了评估方法的基础上，评估人员设计出合理的评估工具，据此实施评估。

因此，在学习项目开展的过程中，学习运营小组要注意对相关信息进行完整的收集。对于评估信息的收集工作，学习运营小组万不可随意调查一下就了事，而是要安排专人执行相关工作，以确保信息的真实性。通常评估数据的来源包括学习情况记录、学员的反馈等多个渠道。具体采用哪个渠道来进行收集需要根据实际情况来确定。

每一次学习活动结束后，学习运营小组需根据学习活动的检查情况及评估效果，对工作中的问题提出相应的改进措施，以促进学习活动质量和效率的提升。

6. 学习效果的保障

为了提升学习效果，学习运营小组需要充分激发活动参与人员的积极性，通过设立相应的奖励机制，提升大家的学习热情，在良性互动中达成组织的学习目标。

6.1　对学习过程实行积分制管理

对学习过程实行积分制管理，能够使学习者的学习态度、行为等得到量化管理，促进学习者更加积极地投入到学习活动中去。

一般来说，现在的学习活动都是分组进行的，因而学习过程的积分既包括小组积分，也包括个人积分，具体的表单设计如表 3 - 10、表 3 - 11 所示。

表 3 - 10　　　　　　　　各小组学习过程的积分表

日期	___年___月___日						___年___月___日					
项目 组名	发言	展示	讨论	任务	违纪	合计	发言	展示	讨论	任务	违纪	合计

表 3 - 11 ____组组内个人学习过程的积分表

日期	___年___月___日						___年___月___日					
项目 姓名	发言	展示	讨论	任务	违纪	合计	发言	展示	讨论	任务	违纪	合计

在具体的积分规则设计上，我们可以按照两个阶段来进行：一是自主学习阶段；二是小组展示阶段。

每个学习活动都会给学习者一定的自主学习时间，我们可以通过观察其学习的投入状态及准备情况来给学习小组或学习者个人进行打分。例如，某小组长有序组织大家学习，可视情况给本组或其小组长进行加分；在学习过程中，非因公事务玩手机可以进行相应的扣分。

另外，学习过程中会有很多小组展示或者回答提问的环节，对于积极回答问题和进行成果展示的学习者和学习小组可以进行相应的加分。

6.2 即时奖励，提升学习热情

无论多么积极向上的员工，工作都具有一定的目的性，且需要得到来自外部或者内部的强化。

和许多企业一样，世界上最大的光缆制造商康宁公司，也难以逃脱恶劣财务状况的困扰。21 世纪初，公司的销售额一路下滑，管理层在短短两年时间内裁减了 16 000 多个工作岗位，并且冻结了所有留下人员的工资。但是，康宁公司还是决定给那些完成预定目标的员工发放奖金。

为什么在如此恶劣的形势下还要奖励员工呢？

康宁的答案是："奖励优秀员工是提高生产力和保持在潜在盈利市场中的优势地位的最好办法。今年的奖金数目可能会很少，但是公司最终履行诺言，让工作表现出色的员工获得比其他员工要多的报酬。"

心理学家斯金纳认为：人为了达到某种目的，会做出一定的行为。当某种行为的后果对他有激励作用时，这种行为就会在以后重复出现；相反，如果某种行为的后果会为他带来一些损失或者不利，这种行为就可能减弱或消失。并且他认为，事后的结果，如事后给予奖励，对行为的影响更大。

学习和工作一样，尤其是成人学习，职场工作者每天除了上班，真正属于自己的休息时间并不是太多，超负荷的工作压力使得他们没有多余的精力去漫无目的地学习。为了提升学习活动参与人员的热情，学习运营小组要学会使用奖励的手段。当活动参与人员积极参与到学习中来，并给予积极的反馈时，我们要立即给予他们认可。

管理者要养成一注意到员工的出色表现就要给予表扬的习惯。马德里 El Torito 餐厅的经理们每次发现一个员工的优秀表现时，就会立刻奖励他一杯星巴克咖啡。此外，每家餐厅每月都会从出色的员工中抽出一些人给予奖励，每个地区都有一个 1 000 美元现金的奖励名额。

即时奖励是一种有效、积极的强化手段。要想把它用得好，就得用到点子上，达到事半功倍的效果。至于什么是用得好，可用四个字概括：投其所好。

一种"投其所好"是了解活动参与人员最在意的是什么，也就是说，给什么奖励，他们更愿意努力学习、提升学习动力。无论是物质奖励，还是表扬等精神上的奖励，活动参与人员想要什么就给什么。

另一种"投其所好"是看活动参与人员现阶段最缺什么，缺什么就给什么，最高的境界是雪中送炭。

这样的有效奖励不仅会调动活动参与人员的学习积极性，还可以增加他们对学习运营小组的好感，提升学习运营小组的威信。

在实践中，我们采用即时奖励的手段时，应该要注意以下几个方面的问题。

第一，体谅员工的需要，设置多元的奖励方式。不是员工所期望的奖励形式，不仅达不到激励的效果，还有可能适得其反。也许有的员工想趁着周末和家人团聚，也许他已经答应了孩子要去游乐园。这时候，单位组织的集体活动可能就成为员工的"两难选择"。不去，担心领导说自己不愿融入集体；去了则少了陪伴家人的时间。因此，作为管理者，必须要积极换位思考，体谅员工的需要，设置多元的奖励方式，让有着不同需要的人能够按照他们的意愿获得奖励。

第二，给员工真正的选择自由。"给员工真正的选择自由"，在这里的意思是相对于那些只能让员工选择"学习"或"不学习"的自由而言的。在设置奖励时，可以让员工们自己商议决定。通过讨论和沟通，让员工们提出他们真正喜欢的奖励方式，这其中可能是看流行大片、休假等。我们可以将这些激励措施进行分级，规定达到相应的学习目标就能享受到相应的奖励。或者可以更人性化一点，允许最终获奖的员工按照个人意愿，把相应的奖励换成同等价值的其他方式。

正强化不仅可以提升活动参与人员的学习热情，同时也能对好行为的重复和坏行为的修正有着巨大的促进作用。如果在学习过程中我们能够恰当地运用正强化对学习过程进行重复和修复，就可以激励一个人获得更好的学习成果。

比如当一个人学习获取一些成果的时候，可以适当地对其进行一些奖励并告诉他，一旦再取得这样的成果，就会再次得到奖励。当学习陷入困境的时候，也可以通过奖励的方式告诉他，一旦脱离了困境，达到了某种目标，就会获得相应的奖励。

在学习过程中，可以通过正强化重复好的行为，修复不好的行为，这能使学习变得更加轻松。

6.3　保持良性互动，确保成果输出

中国银联支付学院院长付伟指出："在社群学习中，关系最大的作用在于它能改变人们对参与学习的价值判断。社群学习中的关系可以降低人们参与学习时的心理负担，带来额外的学习动力，输出额外的价值。"那这种关系的建立就需要在组织内保持良好的互动，拉近大家之间的距离，通过情感互动和交流在彼此间产生信任感和亲切感，从而提高学习的效果。

有研究证明：在人与人面对面的沟通过程中，7% 的信息由语言传播，

55%的信息由面部表情以及身体姿势等肢体语言传播，可见肢体语言的作用之大。这是通过书本自学、远程语音、录像教学很难达到的效果。因此，在学习活动中，学习运营小组要通过各种方式来保持成员之间的良性互动。

互动的方式有多种，具体可以分为以下三种形式。

（1）组织者与活动参与人员之间的互动

著名培训师鲍勃·派克在多年的培训实践中，通过多次观察培训师和学员的行为，发现抑制学员学习动机的行为之一就是很少与学员进行个人接触。因此，学习运营小组要多与大家交流互动，倾听大家的意见反馈，这不仅可以让活动参与人员感受到关心和重视，同时这些意见对于学习运营小组的活动改进有很大的帮助作用。例如，在每次活动开场前，我们可以先和大家做一些热身的小游戏，把大家提前带入活动的氛围；或者在活动中间穿插一些抽奖等小游戏，将这些游戏与学习活动进行有效结合，可以使人产生高度的兴奋及充实感，使活动参与人员得到最佳的学习体验，有效保障成果的输出。

（2）活动参与人员彼此之间的互动

活动参与人员可能来自不同的业务部门，彼此之间具有不同的专业背景，通过不断互动，可能会带来意想不到的价值，例如在跨部门合作方面，利用不同团队的专业知识，能快速解决问题。

中国银联支付学院为了促进学员之间的良好互动，采用了人生画卷的学习技术。每位学员分享自己过去的经历和对未来的规划，在这过程中同时辅以专业测试工具来帮助学习，进行自我认知和熟悉彼此。结果显示，这样的方式使得学员在三天的学习时间里实现平均有效互动30多次。频繁的互动使得彼此之间有了更多的共同语言，使大家能够快速交流想法，迅速聚焦到关键问题上来。

　　在组织学习中，角色扮演也能够有效实现活动参与人员之间的互动。角色扮演是一种情景模拟活动，扮演者需要扮演特定的角色，通过采取各种各样的行为，去完成不同的任务。根据被试实际采取的行为以及实际的操作，来测评扮演的能力、技能、心理素质等方面的表现。与传统讲授式教学不同的是，角色扮演是一种体验式学习，它具有很大的开放性、互动性、灵活性。

（3）活动参与人员与事件场景之间的互动

　　这种互动方式类似于我们的场景化学习，让活动参与人员在实际场景中去体验所学的知识。例如沙盘演练就是场景化学习的一种方式，与传统教学的不同在于，沙盘演练更加开放，通过互动式的演练，找到问题的症结所在，从而找出解决的办法。

　　在华为大学内部，通常由研究与发展部选出合适的典型案例，将案例制作成沙盘演练的课程，包括项目经营沙盘、市场经营沙盘等。在课堂上，由讲师引导学员对案例进行模拟，提高对管理情境的认知度。

　　任正非也提出华为内部要积极利用沙盘演练，他说："GTS可以自己建立教导队，干部进入到你们S2/S3推行的资源池，进行沙盘演练赋能。考试就按你所在国的项目进行沙盘的推演，无论是计划，还是预算、核算，都以真实的场景来进行，这样对回去作战有帮助，再看你的实战后的结果来考核，这样员工的成长快。"

沙盘演练与角色扮演不同的地方在于，角色扮演更加侧重于员工个体行为，更加注重细节；而沙盘演练更多地侧重于宏观层面，对整个项目、经营计划、战略方向等进行模拟演练。所以，沙盘演练还不失趣味性和对抗性。

传统的学习活动可能枯燥无味，学习者的积极性不高。通过加入多种多样的互动方式，可以有效提高学习者对学习的兴趣，找到学习的乐趣所在，从而收到良好的学习效果。

第4章
寻找最佳学习实践

在当前的市场机遇和挑战面前，越来越多的组织加入
寻找最佳学习实践的队伍中，以鼓励员工自主学习，
不断优化知识结构，最大程度地发挥员工的智慧和能
力，为组织创造更多的价值。

1. 成人学习和社群学习的规律

与传统的学校教育相比，组织学习的对象更多的是成人。这就要求我们充分了解成人的学习原则，掌握成人的学习特点，才能让其愿意学、主动学，并将学习成果运用到实际工作中去，从而最大程度地发挥出学习的价值。

1.1　成人教学要服务于培训对象

判断一家企业是否优秀，从领导者是否重视管理工作就能看出来。所谓的管理工作中最重要的一项是：管理者是不是将培养有潜力的管理人才作为首要任务。

在企业发展中经常会遇到这样的情况，一家长期不注重培养和管理后备人才的企业，在提高管理质量和高层职员任命方面困难重重。尽管有临时代理人，但这些代理人显然不能适应职位的要求，从外部招聘高管过来，要求的财力和精力都比较高，因此，企业慢慢陷入困境之中。

事实上，这一问题从企业发展之初就可以避免，那就是从最初就开始着手培养人才，带出一批属于企业自身不同阶梯的精英人才。

在人才培养这方面，麦肯锡创始人詹姆斯·麦肯锡（麦克）和马文·鲍

尔可谓典范。

马文在 1933 年加入麦肯锡时，麦肯锡只有一个正式的培训机构。其实，当时大多数人了解麦肯锡就是在培训课堂上。

马文回忆自己在接受麦克的培训时，总是全神贯注，唯恐麦克会叫自己起来回答问题。麦肯锡公司在最初运作时，总是先用总体调查提纲来分析客户当前状况与发展潜力，然后确定手头问题。在后来设计内容更加广泛的培训课程时，总体调查提纲仍旧发挥了很大的作用。

后来，随着不断发展，麦肯锡公司成立了专门的培训机构——阿尔派恩大学。此外，马文还在私下利用自己的时间给员工提供帮助。

马文在 80 岁高龄时，还亲自指导员工的招聘工作，告诉他们招聘的重要性、拒绝不合适人选的重要性，以及决策时的注意问题和招聘时的十大戒律等。

正是因为注重培训工作，麦肯锡才有大量能够及时解决客户问题并且独当一面的优秀员工。

但员工培训不是一项简单的工作，它不同于以往的学校教育，因为成人有其独特的学习特点和规律。一般来说，成人在接受培训之前已经过了大量的学习和训练，熟练掌握了一些方法和理论，整体的逻辑性也比较强，这使得他们在理解抽象概念和事物时，接受能力会比较快。很多培训师在设计课程时，并未考虑到成人学习的特点，没有结合学习者个人工作或生活的情况设计学习内容，而是以刻板的形式将他们认为重要的东西教给学习者。这导致很多人在参加完培训课程后，觉得培训没有什么大的用处，反而占用了他们的时间。

因此，我们要从成人学习的规律出发，围绕培训对象设计相关的学习内容，才能让学习者获得满意的学习体验。对此，任正非也曾说过："华为的培训教学要结合员工的实际工作来展开。预备队要引导明天，但是不能跳跃太多，跳太多就不接地气了，树不能长在天上。否则一大堆都是怀抱未来理想，饿着肚子能到共产主义吗？未来都还没有战场，培训未来没有必要，但是让大家知道未来是有好处的。"

世界顶级创意公司 IDEO 总裁蒂姆·布朗指出："设计思维不仅是以人为中心，还是一种全面的、以人为目的、以人为根本的思维。"设计工作需要充分考虑用户的需求，那学习项目的设计也是一样的。成人教学一定要服务于培训对象，在设计课程时，要深刻了解学习者的根本需求，为学习者创造与其工作或生活强相关的学习体验，让学习者能够理解并将培训的知识、技能应用到工作中去。

1.2　对接成人学习规律，提升学习效果

作为培训者，只有了解成人的学习规律和原则，才能帮助他们更好地完成学习过程。成人教育的领军人物马尔科姆·诺尔斯根据自己大量的教学实践，对成人教育进行了系统而深入的研究，并总结出了成人学习的四大关键原则，如图 4 - 1 所示。

图 4 - 1　成人学习的四大关键原则

（1）自愿原则

成人在学习某项知识或技能时，他首先考虑的就是这项知识或技能对他有没有帮助，他能否借助学到的知识或技能改进他的工作，或者这项知识或技能对于他长期的职业发展和个人成长能否发挥作用。

2017 年，华通商学院帮助铁建重工学院组织开展"铁建好讲师训练营"的培训工作。在铁建重工学院以往开展的培训活动中，很多人以各种理由请假，把工作当成借口，逃避培训，拒绝培训。而华通商学院的咨询老师们为铁建重工学院打造的岗位经验内化和 PPT 设计课程，员工们纷纷请假来参加培训。之所以出现这样的现象，是因为这些员工意识到课程内容是与他们自身工作和能力息息相关的，对他们个人的成长大有帮助，所以大家都积极主动来参与学习活动。

因此，只有让成人认识到这项知识或技能对他的作用，他才可能调动自身所有的注意力，让大脑处于高速运转的状态，然后全身心地投入其中。而如果他认为这项知识或技能用处不大，那么无论是他的注意力也好，学习意愿度也好，都会迅速下降，培训师讲授的内容对他而言就像背景噪音一样。这样一来，培训的效果就会大打折扣。

（2）经验原则

在接受培训之前，成人已经通过大量的学习、训练和实践，熟练掌握了一系列的知识和技能，再经过潜移默化，这些知识和技能成为他们的经验。丰富的经验对于成人学习者来说，既能够发挥很大的作用，也会变成学习的障碍。

一方面，丰富的经验可以使得成人比较快地理解培训的内容，他们能够利用自己的经验，对比将要学习的知识，形成举一反三的效果，或者在旧有的知识和新的知识之间搭起桥梁，将新的知识迁移过去。

另一方面，过去的经验在某些时候也会成为成人学习的障碍，由于过去的经验，他们会潜意识地认为某种办法是行得通的，而某些办法是行不通的，很难跳出经验给他设置的思维框，从而局限在一小部分可能性里面。对于类似思维导图、金字塔原理这样的课程，很多人都认为这些课程内容自己都会，讲的就是一个结构化思维的东西。但事实上，在实际应用过程中，有些人是很难做到的。这就是经验给他们设的限。

华为在引进西方先进管理经验时，任正非提出了"三化"管理：先僵化、后优化、再固化，以此作为业务流程变革的三步曲。在任正非看来，华为是一个高级知识分子聚集的地方，每个人都有自己独到的见解。如果没有在引进的管理方法中实践，直接进行"优化"，那么员工就会单凭个人经验来套新的规则，就会陷入"形而上学"，内部也很容易出现争执。这很可能会导致企业变革的失败。

经验对成人学习效果的影响是不可避免的，我们在课程设计时，要考虑到学习者的经验背景，避免学习者对培训产生抵触心理。

（3）自主原则

对成人来说，尽管他们需要遵守社会、公司的各种规章制度，但是他们还是希望能够在规定内尽可能地行使自主权，获得一定的自由度。在培训上，其实也是如此。

相对于那些被动的、强迫式的学习方式，成人更喜欢能够主动参与的学习，并且有自主决策的权利。在他们看来，如果能够主动参与某件事情，积极发挥他们的能动性，就能取得更好的结果。而且，积极主动地做成某件事会成为他们自身能力的体现，但如果是被动地去做某件事，他们可能会认为这件事只是被要求去做而已。

现代人际关系学大师戴尔·卡耐基在斯坦福大学管理学院演讲时带去了一只母鸡和一把米，他在演讲开始后把米撒在桌子上，强按着母鸡的头去啄米，结果遭到了母鸡的强烈反抗，母鸡怎么都不肯啄米。卡耐基说："这就像你们未来将要去管理的员工，如果他们自己不想学习，而你们非要让他们去参加培训，那么，培训的成本（那把米）就会被浪费掉。"卡耐基认为，强制性的教育会造成员工的反抗，从而丧失主动学习的本性。

华为在培训方面深谙此理，于是在督促员工学习的过程中以引导为主，适当给予他们一定的自主权，以激发员工的自学意识，让员工主动接受指导，从而快速成长起来。

（4）行动原则

正如自愿原则指出的那样，成人之所以接受培训，是因为培训的知识和内容对他们有用。但是，尽管培训的内容通常跟他们的工作或生活息息相关，但是许多培训结束之后，很多人不能很好地将所学的知识或技能迁移到工作和生活中去。

这是因为他们虽然已经掌握了培训的知识和技能，但之后并没有采取足够的行动来检验和巩固所学的内容，或者他们又习惯性地使用自己过去所掌握的办法行事，然后这些内容就迅速地被遗忘了，无法起到培训应有的效果。

总之，作为培训工作者，我们的工作是帮助学员更好地学习，这要求我们需要以学员的需求为出发点来设计学习项目，帮助学员打开学习的思维，使其真正参与到学习中来，并能将学习到的知识运用到工作实践中来，为工作带来价值。

2. 读书活动

目前，很多公司为了鼓励员工养成读好书、好读书的好习惯，且能把学到的东西转化成为工作的思路，以此提高工作效率，同时能在公司内形成良好的学习风气，开展了多样化的读书活动。但实际上，这些读书活动的产出价值并未达到公司的预期效果。

为此，我们在实践过程中设计了一种新的读书活动方式。通过场景嵌入让员工将知识既内化为自身的东西，提高他们解决工作中实际问题的能力，提升工作业绩，也实现了组织文化的宣贯与建设。同时将学习活动与品牌宣传结合起来，提升企业品牌的知名度，为企业带来隐形的利润增长。另外，我们设计的流程标准化的读书活动，可以通过复制和替换主题、扩张和新建组织来实现裂变式学习。

2.1 读书活动的开展流程

规范化、标准化的流程能够保证活动开展过程中各个环节的质量，减少问题的出现，提高活动运作的效率。特别是在组织学习的过程中，当形成流程化的标准后，员工可以通过相应的章程进行学习，有利于提高组织的学习效率。

如图 4-2 所示，在具体实施过程中，组织要遵循以下裂变式学习实施的路径模型，即"选、定、教、演、扬、收"六步法，从而培养组织成员学习兴趣，提高组织学习效率，成功打造裂变式社群学习文化。

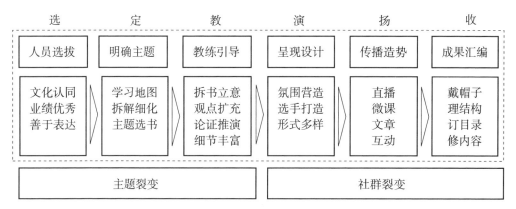

图 4-2　组织裂变式学习实施的路径模型

（1）引入种子选手，促进学习活动有效落地

为了保证读书活动的效果，我们首先需要在组织内选拔一些优秀的人员，通过他们的示范效应，影响组织内部其他人员的学习态度。在人员选拔方面，需要遵循以下三个原则。

第一，文化认同。认同企业文化的员工，会更加认同企业的发展目标、经营理念、制度规范、环境氛围等，他们在团队合作和组织工作中，也会表现出更积极的工作态度和更强烈的责任意识。因此，我们需要选拔那些认同企业文化的员工，让他们参与到读书活动中来，一方面既强化了他们自身的文化认同，另一方面也实现了文化传递，让其他员工对企业文化有更深入的了解和认识。

第二，业绩优秀。一般来说，业绩优秀的员工比较勤恳务实，善于学习，对自己的工作和生活有更多的认识。让他们参与到读书活动中来，既是对他们的一种激励，能够促进其能力实现新的提升，同时他们也能在组织中树立好的榜样。

第三，善于表达。如果我们有好的思想，却不能有效地表达出来，别人也是难以理解的。尤其是在当前社会环境下，善于表达是一种必不可少的资本。选择善于表达的人，才能传递出他们的思想，传递出组织的文化，从而达到读书活动想要呈现的效果。

借助读书活动，在组织内培养一批认同企业文化并拥有影响力的领读者，使他们成为企业内部引领全员阅读和传承企业文化的领路人。

（2）明确学习主题，保证学习方向的一致性

如图4-3所示，明确学习主题首先要确定组织的学习地图，可以针对企业文化提炼关键词，或是组织成员能力最缺失的部分，构成组织学习的大框架。其次，针对每个关键词进行拆解细分，形成一个个的小主题。最后，结合小主题选定本次学习活动的书籍。

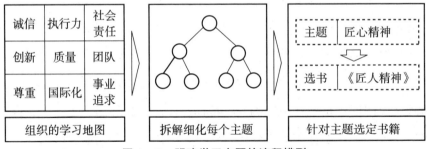

图4-3 明确学习主题的流程模型

华通商学院在为澳优大学组织读书活动时，首先确定了组织的学习地图，主要围绕"诚信可靠、执行力强、勇于承担社会责任、不断创新、质量至上、团队合作、尊重、国际化、致力于营养事业"九大澳优法则展开。其次，明确本次活动的小主题为"匠心精神"。最后，确定了本次读书活动的书籍——秋山利辉所著的《匠人精神》。澳优大学在举办读书活动时，围绕

"澳优法则"来展开，既加深了员工对企业文化的理解和认识，也激发了他们参与的热情，提高了对企业文化的关注度。

华为在组织新员工培训时，会组织新员工观看一些与企业文化相关的电影，例如观看《那山，那狗，那人》这部电影，讲的是一个山区邮递员的故事，影片倡导的敬业精神，也正是华为追求的价值观。在新员工观看电影后还要求他们写观后感等，这就是在传递企业文化。

员工的行为方式是企业文化的体现，在企业价值观的指导下，员工的行为可以表现出其责任感和对工作的专注度。为了在员工行为中融入企业的文化要素，传达企业的价值观，我们可以进行一些与企业文化相关的主题阅读训练等，以此来传播企业文化，强化员工的认知。

（3）教练引导，启发参与者对学习主题的思考

如何让读书活动参与者获得感悟、启发，并以组织学习的方式获得个人和团队的改善、进步的契机，是学习导师最重要的任务。明确学习主题后，学习导师就可以根据实际情况来引导大家如何解读书本内容，并结合学习者自身的工作场景和生活经验，对选定的观点进行扩充和论证，最终形成可以向大家展示的文本，如图 4 - 4 所示。

图 4 - 4　教练引导的步骤模型

第一，拆书立意。即选定书中片段，萃取观点。书中观点有很多，我们不必对所有的观点一一进行解读，只需选择部分观点即可，具体选择多少观点可以根据实际参与人数和组织形式来确定。在选择书中片段时，我们有一个"三选，三不选"原则，"三选"即 How、What、Why，"三不选"即泛泛而谈、充斥旧知、价值感低，如图 4-5 所示。

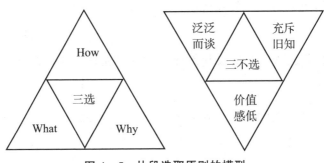

图 4-5　片段选取原则的模型

第二，观点扩充。确定观点后，我们需要对其前因后果进行加工，丰富观点的内容。

第三，论证推演。具体可以采用引经据典、意译案例、撰写故事等方式来对观点进行论证。

第四，细节丰富。细节的完善主要可以从两个方面展开：一是提炼金句；二是用图片、视频、热点等方式来增加趣味性。

在引导的过程中，学习导师要教会学员们结合自己的工作岗位和经历来对相关观点进行阐述，提升知识的实用性。

（4）用心设计活动形式，精彩呈现参与者的感悟

当参与者结合实践与书本观点有了自己的思考和感悟后，就需要通过某些活动形式向其他成员展示学习成果，以此来带动整个组织的学习气氛。

如何快速提升参与者的实战能力，如何激发参与者提升自我的热情和积

极性，是组织学习过程中必须解决的问题。用"赛训结合"的方式，代替单纯授课的培养模式，能让参与者以较强的意愿投入其中，并通过比赛获取对工作有益的知识和经验，获得良好的体验和感受，从而实现在赛中学、赛中练、赛中提升的目的。

具体来说，学习活动的组织形式多种多样，诸如辩论赛、研讨会、演讲、情景剧等。这些多样化的活动方式，创设了生动有趣并有助于参与者自主学习、合作交流的情境，可以多角度地展示参与者的学习成果，有效提升学习活动参与者的体验感，同时也是提升参与者个人能力的新方式。

华通商学院联合澳优大学举办的读书活动就是以辩论赛的形式展开的。根据参与者从书中整合的观点和心得，从中选出话题，再结合自己的工作经验，以此来举行辩论赛活动。以辩论赛的形式展开的学习活动，既生动、有趣，可以形成多元的思想交流，又能强化员工对企业文化的认知。在这种交互式的表达中，员工不断进行自我反思与察觉，实现自我净化。除了精彩的赛事设计，比赛的最终目标是通过"赛训结合"的方式培养组织学习的领路人。因此，在比赛各阶段，澳优大学邀请了外部专家为选手提供不同形式的培训辅导，通过赛前集训，提升选手的各项技能，从而让他们能够在正式比赛中实现高水平的呈现。

比赛绝不仅仅是为了比成绩，而是着眼于打造组织学习的新方式；通过比赛，让员工了解更多的专业理论知识，提升员工实际应用技能。

（5）整合资源和渠道平台，为组织学习传播造势

酒香也怕巷子深。当组织举办学习活动后，要善于制造热点，通过整合

所有资源和渠道平台，为组织的学习活动传播造势。这样一来，既可以为企业做大宣传，也能吸引更多的人加入到学习活动中来。

2018年，华通商学院联合澳优大学举办了一次读书活动。在这次读书活动中，我们采用了多种方式来进行知识传播和品牌宣传。

第一，直播。澳优大学举办的第一届读书活动就在线上平台进行了同步直播，让许多不在现场的人也感受到了组织学习的氛围，对企业有了更深入的了解。

第二，微课。将成功举办的学习活动开发成微课，一方面吸引大家积极参与学习活动，同时也为组织内其他成员提供新的学习途径。

第三，自媒体文章。在微信、微博、新闻媒体等平台上以本组织或其他专业机构的名义发表一些文章，宣传和扩大阅读与学习活动的影响力。

第四，互动呈现。在活动现场或者线上直播平台与关注者进行疑问解答、礼物赠送等互动，实现信息的交流、文化的传播。

（6）成果汇编，提炼可供借鉴的成功经验

在开展读书活动的过程中，每一个阶段都很重要。成果汇编作为收尾阶段，对读书活动进行总结，提炼出一整套读书活动的流程逻辑和理论成果，这尤为重要。任正非曾对华为人说："善于总结和归纳的人才能不断进步。"成果汇编既是组织学习的实践成果，也是学习共同体集思广益的结晶。

如图4-6所示，成果汇编包括四个步骤。

第一，戴帽子。首先要确定成果汇编的主题，然后围绕这个主题展开成果总结的写作。

第二，理结构。成果汇编要做到条理清晰、层次分明，就得理清楚结构，合理安排内容的先后顺序，逻辑化呈现出活动成果。

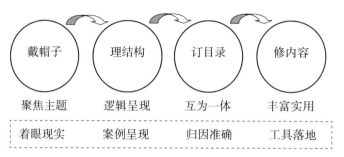

图 4 - 6 成果汇编的步骤模型

第三，订目录。目录是成果汇编的骨骼，一般来说，目录应该展示出整个成果汇编的简要内容，让读者一目了然。

第四，修内容。当结构和目录确定以后，就需要往其中填充内容，切记内容要丰富实用。在整个成果汇编的过程中，需要结合一些案例，并辅以方法和工具来说明。

当上述流程运作完毕后，就表示一次读书活动结束了。这个流程对于其他主题的学习活动或是其他组织的学习活动都是适用的。因此，裂变式社群学习方式主要体现在两个方面：一是主题裂变，即通过复制和切换学习主题来实现；二是社群裂变，即通过扩张和新建组织来实现。

2.2 读书活动的价值转化

打造学习型组织是企业培养人才，提升组织成长力的方式之一。在组织学习的过程中，为了更高效地打造学习型组织，促进企业持续发展，我们要更加注重价值转化。如图 4 - 7 所示，读书活动可以实现多方面的价值转化。

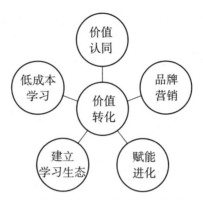

图 4 - 7　读书活动的价值转化模型

（1）个人价值认同、赋能进化与企业品牌营销

参与学习活动，一方面是对企业文化的一种宣贯，让更多员工理解和认同企业文化，另一方面员工联系自己的工作实践经验，对书中的思想进行阐述与辩驳，既是员工对书中观点的再理解，同时这种亲身体验的方式也强化了员工对于知识的记忆。总之，这种学习活动可以多方面实现员工的能力提升和个人成长。

另外，华通商学院与澳优大学联合举办的读书活动还将学习与品牌宣传结合起来，利用学习活动提升了企业品牌的知名度，宣传企业文化，无形中也为企业带来了利润增长。

（2）营造自主学习氛围，建设学习生态

举办这种学习活动，不仅能让参与学习活动的人感受到学习的快乐和重要性，也能让其他员工感受到学习的氛围，从而积极主动地参与到学习活动中来，有利于企业快速建设学习型组织。同时，对于企业外人士来说，这也是一种优秀的企业文化呈现。

（3）实现低成本的裂变式学习

很多组织会觉得学习的成本太高，不愿意举办大量的学习活动。而这种场景带入的学习方式能够大大降低组织的学习成本，实现高价值转化，对任何组织来说，都是实现低成本学习的最佳方式。

持续学习是企业发展的潜在动力，企业应该将培训的焦点从仅着眼于提高个体员工工作技能的一次性培训活动转向对组织全体员工学习能力的培养。工作和学习本质上是一件事，企业应该使传统组织中忙碌的工人转变为忙碌的学习者，培养全员的学习能力，并使持续学习成为员工的自主行为。

3. 问题改善小组

当所有个体都积极参与到改善活动中，即可为区分改善活动类型，组建各种类型的改善活动小组。比如一汽大众汽车公司就划分了前端匹配小组、电器小组、淋雨小组、天窗匹配小组等数种类型的改善小组。为什么要组建各种类型的改善小组呢？一些企业管理者虽然对改善活动非常重视，但是在改善推行过程中却屡屡受挫，实施效果并不理想。实际上，这恰恰是因为他们往往寄希望于改善企业的一隅而获得全面的改善结果，甚至在改善推行过程中一味孤军奋战，但却忽略了一点：改善必须是一场跨职能的联合作战，它需要所有人的共同努力。各种类型的改善小组能够从每个环节入手进行改善，使改善活动更为专业；同时，这种改善也突出了联合作业的特点，总体覆盖范围也更为广泛。

3.1 成立问题改善小组，联合作战

企业中最常见的改善小组类型就是 QCC（Quality Control Circle，品管

圈），是指在工作岗位上从事各种劳动的员工，围绕企业的经营战略、方针目标和现场存在的问题，以改进质量、降低消耗、提高人的素质和经济效益为目的而组织起来，运用质量管理的理论和方法开展活动的小组。其成立的活动宗旨，不仅限于质量方面，而且也包含了成本、安全以及生产力方面的课题。

1962年，日本科技联盟开始推行质量控制小组运动，希望借此构建起愉悦而有意义的工作环境。这些质量控制小组由各工序的操作人员自愿组成，他们的主要任务是着手解决眼前的问题，例如，如何组织和安排工作、保证人们的作业安全。同时，他们的活动渐渐走向更有挑战性的任务，如改进生产力、提高质量。

据日本科技联盟介绍，目前在日本科技联盟正式注册的质量控制小组已超过170 000个，而未作正式注册的质量控制小组则可能达到340 000个。质量控制小组成员通常有6～10名，据此推算，在日本至少有300万员工在直接参与质量控制小组活动。

在此基础上，日本还会定期举办地区性和全国性的质量控制小组会议，小组领导之间会分享彼此的经验。目前，地区性的质量控制小组分会有8类，全国性会议有6种类型。这样，质量控制小组活动就组成了一张覆盖全日本的关联网络，质量控制小组成员可以轻松地了解到其他行业中的人们正在操作的事情。

不过，在西方企业中，上述改善活动往往会被视作管理者的任务。一位美国工商管理研究人员曾说："美国的经理似乎不愿相信他们的员工能想出好主意。"

但实际上，由于员工更接近问题，他们甚至能比经理更好地解决问题。而由员工去想办法、解决问题，还可以很好地提高士气。这也是改善小组之所以能够成功推行的重要原因。

3.2　问题改善小组的基本组成

日本质量控制运动一个最主要的特点是它令所有层级上的人员都参与进来。不过，改善小组的组成结构是相对固化的，通常是由小组长和改善成员组成。

小组长所肩负的最基本职责就是维持这个小组的稳步运行，并完成改善项目的每个任务。他不一定非要知道怎样去改进或什么需要去改进，这些问题的答案可以由小组来解决，他只要能够让小组成员行动起来即可。小组长的职责和任务，如表 4 - 1 所示。

表 4 - 1　　　　　　　　　　　QCC 组长的职责任务表

职责	任务
组织领导	组长是 QCC 小组的组织者和领导者，负责带领整个小组有秩序地开展改善活动
日常管理	组长要按照企业制定的管理制度，组织小组成员开展改善活动，并及时做好记录、成果整理等工作
指导推进	作为组长，其知识和经验都比组员要丰富，因此，需要承担指导其他组员进行改善活动的职责
联络协调	改善活动经常涉及不同部门之间的协作，组长需要及时和相关部门进行联系和协调，以获取必要的支持和帮助

而筛选小组成员时，则需要参照一定的标准来选择，如表 4 – 2 所示。

表 4 – 2　　　　　　　　　　　　筛选小组成员的标准

小组成员必须满足以下要求：
（1）至少有一半的员工来自该项目领域外（比如销售部、工程部、维修部、生产控制部、仓储部、管理层、平行车间……）。
（2）小组的组成应该包括 1/3 的操作员、1/3 的改善支持者和 1/3 的其他人员。
（3）一个小组的人数应该是 6 ～ 12 人，七八个人为佳。
（4）至少有两名操作人员从事该领域的工作。
（5）小组长必须有过项目领导或是联合领导的经验以及改善项目的经验。
（6）销售员、消费者或者来自其他车间、其他公司的人都可以参与到改善小组中，使改善小组的改善视野更宽阔。
（7）选择的小组成员要富有创造力。

QCC 小组成员的职责和任务，如表 4 – 3 所示。

表 4 – 3　　　　　　　　　　　　QCC 组员的职责任务表

职责	任务
支持组长工作	既然加入了改善活动小组，那每个成员都要服从组长的安排，积极配合全组的工作
及时参加活动	各成员都是自愿加入改善活动小组的，因此，在小组开展各种改善活动时，各成员都要坚持按时参加，并在其中发挥自己的智慧和能力，为小组改善活动作出自己的贡献
按时完成任务	改善活动不是小组长一个人可以完成的，它需要所有小组成员的共同努力，因此，每个成员都要按时完成小组长分配给自己的任务，避免影响整个小组改善活动的进度
配合其他组员工作	在开展改善活动的过程中，各组员之间要形成良好的配合，共享信息、互帮互助，共同打造良好的工作环境

日本小松公司的质量控制运动始于1961年。当时，小松公司的年营业额只有卡特彼勒公司的1/10，每个人都意识到如果产品不能在性能和价格上与卡特彼勒匹敌，那么公司将难以生存下去。为了实现保持竞争力的目标，小松公司开始了质量控制运动。

于是，在小松公司的每个工作单位中，都有一位质量控制专员来协助质量控制小组的工作。这样，共有300名质量控制专员，由他们来提供改善活动的咨询，发放改善活动教材，并负责倾听工人的建议。

截止到目前，小松公司已组建起800多个制造领域的质量控制小组，以及350个销售、服务质量控制小组，每个改善小组年均提出4.2个新点子。其中，制造部的参与率达95%，销售服务部的参与率达89%。

随后，小松公司将努力的范围在横向和纵向上延伸开来。纵向上，全面质量控制被扩展到了分公司及分包商；横向上，则被扩展到跨国生产网络中。如此一来，便实现了整条供应链的协同改善。

可以说，在这样一个充满未知和变化的时代，任何一家企业都相当于站在十字路口处。为了应对变化、协同作战，人们有必要对这种改善实践所带来的价值给予足够的关注，并积极组建各种改善小组，推动每一项改善活动的进展。

在第一次QCC小组会上，小组成员要给自己的小组命名。小组名称可以各取所好，但必须要凝聚组员的共识。小组成立后，要报主管部门注册登记。注册登记时要填写"QCC小组注册登记表"（如表4-4所示）和"QCC小组课题登记表"（如表4-5所示）。

表 4－4   **QCC 小组注册登记表（示例）**

部门		组名	
		成立日期	
工序		登记日期	
班组		类型	
接受全面质量管理教育情况 _____小时		人数	
组长		副组长		顾问	
职务		职务		职务	

成员				
序号	姓名	性别	职务	备注

本年度课题名称	目标值

主管单位意见：

表 4 - 5　　　　　　　　　　**QCC 小组课题登记表（示例）**

部门		班组		组长	
名称		课题名称		副组长	
登记日期			年　　月　　日		
计划完成日期			年　　月　　日		
问题现状				目标	
需要协助的部门			协助项目和内容		
				主管签字： 　　　　　　年　　月　　日	

QCC 小组的注册登记不是永久性的，通常每年要经过一次重新登记和验收。如果 QCC 小组停止活动持续半年或一年没有任何成果，应予以注销。

3.3 QCC 活动的开展流程

开展 QCC 活动，要依照一定步骤进行，具体如图 4-8 所示。

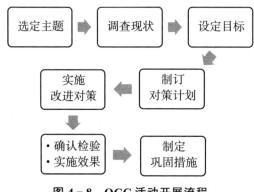

图 4-8 QCC 活动开展流程

QCC 小组活动能否取得成功，选题的恰当与否十分重要。一般来说，选择选题时要遵循三个原则：先易后难；具体明确，避免空洞模糊；来源有依据。

在设定改善目标时，QCC 小组主要采用 5W1H 法，如表 4-6 所示。

表 4-6 5W1H 提问表

针对方向	第一步	第二步	第三步
What	做什么	提问操作的必要性	能不能改变
Why	因何而做	为什么一定要这么做	能不能予以删除
When	什么时间	提问操作时间的必要性	有没有更合适的时间

续前表

针对方向	第一步	第二步	第三步
Where	什么地点	提问操作地点的必要性	是否有更好的地点
Who	什么人实施	提问操作人的必要性	是否有更合适的人选
How	如何实施	提问方法的必要性	是否能改进方法和工具

在调查问题产生的原因时，常用鱼骨图等来确定原因，对初步确定的主要原因进行验证和进一步筛选，最终确定问题的要因。

鱼骨图是由日本的管理大师石川馨发明的，又被称为"石川图"，是一种分析产生问题"根本原因"的方法。鱼骨图以结果作为特性，以原因作为因素，它们之间用箭头联系表示因果关系。鱼骨图模型如图 4-9 所示。

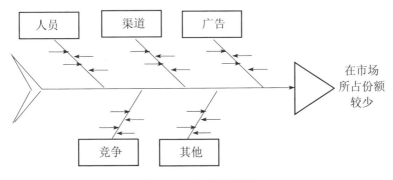

图 4-9　鱼骨图模型

鱼骨图使用说明：

（1）分析问题原因及结构，具体步骤如下：

1）针对问题点，选择类别（如人、产品、市场、资金等）。

2）进行头脑风暴，分别针对各类别找出所有可能原因（或因素）。

3）将找出的各要素进行归类、整理，并明确之间的从属关系。

4）分析、选择重要原因（或因素）。

5）用简洁明了的短语描述各原因（或要素）。

（2）鱼骨图的绘制。鱼骨图的具体绘制方法如下：

1）把要解决的问题，就是把主题写在鱼头的位置并画出主骨；

2）与主骨成60°角画出大骨，填写最主要的因素，并用中性词阐述；

3）与主骨平行，在大骨上画出中骨，并填写中等原因；

4）在中骨上画出小骨，填写小原因或解决办法；

5）中骨、小骨这两者与大骨之间是原因与结果、局部与整体的关系。

（3）鱼骨图的使用。具体使用步骤如下：

1）查找并确定要解决的问题；

2）把问题写在鱼骨的头上；

3）召集同事讨论问题的可能原因，尽可能多地找出问题；

4）把相同的问题分组，在鱼骨上标出；

5）根据问题种类征求众人的意见，以总结出正确的原因；

6）拿出任何一个问题，研究产生这样问题的原因；

7）针对问题的答案连续问五个问题；

8）当发问无法继续时，列出这些问题的原因，并列出不少于20个解决方法。

作为一种较为直观的问题分析工具，鱼骨图将产生问题的所有原因按层级列举出来。在此基础上，我们可以采用统计工具来统计这些原因导致问题发生的频率，最终依据出现频率的高低确定主要原因。

确认要因后，要针对要因采取相应措施，并拟订一份对策计划表。对策措施的责任人应负起指导的责任，并对实施过程加以控制。在采取相关措施后，要对改善活动前后的状况进行对比，确认检验实施效果。如果效果良好，就应该把相关实施方法标准化，形成标准化文件，使得所有人能够了解并遵守这些方法。

随着互联网技术的发展，企业的问题改善小组已经不再局限于QCC了，而是衍生出了更多的线上问题解答群体，类似在知乎或者企业论坛等网络平台上发布各种类型的问题，广泛征集答案。这是一种更加灵活、自主地建立问题改善小组的形式。

4. 自主研讨交流活动

研讨是专门针对某一具体讨论主题在集中场地进行研究、讨论交流的会议。它可以汇集群体的智慧，对于文化传承、解决实际工作问题都有很大的作用。例如著名的世界咖啡会议培训模式，来自不同背景、不同职务、不同部门的人，针对相应的主题，从不同的视角发表各自的看法和意见，从而激发出意想不到的创意。由于企业实际运营场景的复杂性，这就要求企业的交流场景也要尽可能地多样化，建立多种多样的机制来管理内部学习与分享，提升学习效果和质量，并让员工在参与的过程中有所收获。

4.1　高级管理研讨班

2018年，华为就人力资源管理纲要2.0在华为内部广泛开展研讨活动，征求所有华为员工的意见和建议，以总结华为过去30年的成功经验，发现存在的问题和弊端并加以改进，并针对未来的战略发展方向，制定适应新时代的人力资源管理政策。

在任正非看来，面对未来大数据时代的挑战，华为需要一大批思想家和战略家，要有诺曼底登陆的指挥能力才能抢占世界大数据流量的机会点。这就需要中高级干部具备抓住机会的眼光和能力。因此，华为内部经常举办各种研讨活动，并特地为中高级干部开设了高研班。

华为高研班完全以学员为主体，自主学习，没有老师，采用理论自学、小组研讨、案例演讲、大辩论、专题交流等多种形式，让学员们产生思想碰撞和启发，最大限度地促进学员的能力提升。在研讨结束后，要撰写至少一篇真实发生的案例，强化对理论学习的现实分析与应用，触发深度管理反思。

华为为了提升精英员工的能力，在华为大学开办了"高研班"。华为大学的高研班并不是由部门领导指派某位员工去学习的，而是由华为大学把不同的学习资源推送在公司的 IT 系统上，让有需求的员工自行去申请。

华为高研班并不是采用培训的方式进行教学，而是采取研讨和交流的方式，进行思想上的碰撞，当然，其中也有相当多的理论知识和内容是需要学员自学的。华为的高研班同样也像华为大学其他培训项目一样收取学费，每期的学费是 2 万元，但学费由学员个人承担。华为高研班的思辨研讨模型如图 4-10 所示。

在任正非看来，将军不是培养出来的，是悟出来的。在"悟"的过程中，就需要积极与外界进行交流。既可以与公司内的干部专家交流，也可以与客户、合作伙伴的专家交流，还可以与行业人士、高校教授交流。

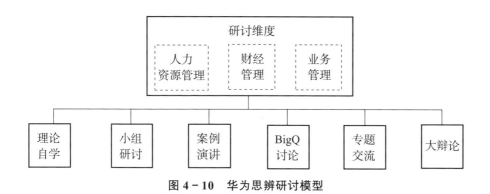

图 4 - 10　华为思辨研讨模型

因此，华为开设高研班，不仅仅是让学员理解并应用华为的干部管理政策、职位和管理方法工具，更重要的目的在于，通过开放式的研讨和交流，就公司战略目标达成一致，探讨新的管理理论，以及传递华为的管理哲学和核心价值观。华为大学高研班的学习项目如表 4 - 7 所示。

表 4 - 7　　　　　　　　　华为大学高研班学习项目表

赋能环节	内容
理论自学	华为公司的核心管理理念及管理方法是主要的理论课程，其源于华为的核心价值观，是公司级的管理哲学和文化，学员在入学之前需自学这一部分内容
课堂研讨	分别围绕《人力资源管理纲要》《业务管理纲要》和《财经管理纲要》这三个公司级的纲领文件进行研讨。一般先进行分组讨论，再上升到全班讨论。在研讨中，华为会设置引导员，由公司高层担任，负责对学员们的观点进行点评
论文答辩	至少写一篇真实的案例作为结业论文并进行答辩，强化对理论学习的分析与应用
深度发酵	学员在华为大学的案例平台"管理视界"上发布自己的案例和心得，使更多的干部和员工可以了解学员对案例的见解和个人的思考，然后进行学习和讨论

王阳是华为大学的专职讲师，她讲述了 2010 年为高研班设计课程的故

事。由于那时华为大学尚未有高研班的经验，因此，华为大学专门成立了项目组进行课程的方案设计。

参与项目的基本上都是 2000 年以前加入华为的老员工。他们从梳理华为 20 年的管理精华开始，需要从大量华为公司的文件中厘清核心思想，并且要逻辑严谨，可读性强，而且最重要的是要考虑到项目的可执行性。

高研班的课程设计方案用了将近一年的时间，项目组负责人始终认为，项目不单单是一门普通的课程，而是影响几千名干部思想的大事。设计过程中，如何将那些具象感性的故事升华为抽象、逻辑性强的课程，并不是一件容易的事情，而且还要思考有些是不是适合放进课程。方案经过反复推倒重来，终于通过了公司高层的评审。

华为的高研班从 2010 年开设第一期以来，培训人次已经达到 5 000 多，来自全球各地的华为干部来到华为大学接受培训，之后又回到各自的岗位上。华为的高研班不仅极大地开阔了中高层干部的视野，提升了战略洞察力，更新了管理理念，还有效地承载了华为公司国际化的发展战略。

如今，越来越多的企业认识到打造"学习型组织"的必要性。在打造"学习型组织"时，一方面需要员工转变学习观念，学会主动学习，另一方面也需要组织应时而动，以专题学习、组织研讨、座谈交流等方式驱动企业内部的学习活动，提升员工队伍的整体素质。

4.2　公司政策专题学习研讨

一般来说，组织专题学习研讨能够确保学习活动与公司的业务方向和战略目标有效对接，统一公司内部的认识，输出公司的价值观，并成为企业文化的一部分，最终形成从专题学习到企业文化建设的长效机制。

华为向来重视在组织内部开展专题学习与研讨活动，每年都要开展数次不同的专题学习活动。这些活动包含的范围相当之广，参与的人群也往往包括公司绝大部分干部和员工。华为的专题学习活动通常按照产品线、地区、部门分开研讨。例如"学习满广志、向坤山"活动，再比如"华为干部八条"学习研讨。

2013 年，华为发布了《华为公司改进作风的八条要求》，简称"华为干部八条"，2015 年和 2017 年先后两次修订。这八条的内容是：

1. 我绝不搞迎来送往，不给上级送礼，不当面赞扬上级，把精力放在为客户服务上。

2. 我绝不动用公司资源，也不能占用工作时间，为上级或其家属办私事。遇非办不可的特殊情况，应申报并由受益人支付相关费用。

3. 我绝不说假话，不捂盖子，不评价不了解的情况，不传播不实之词，有意见直接与当事人沟通或报告上级，更不能侵犯他人隐私。

4. 我们认真阅读文件、理解指令。主管的责任是胜利，不是简单的服从。主管尽职尽责的标准是通过激发部属的积极性、主动性、创造性去获取胜利。

5. 我们反对官僚主义，反对不作为，反对发牢骚讲怪话。对矛盾不回避，对困难不躲闪，积极探索，努力作为，勇于担当。

6. 我们反对文山会海，反对繁文缛节。学会复杂问题简单化，六百字以内说清一个重大问题。

7. 我绝不偷窃，绝不私费公报，绝不贪污受贿，绝不造假，我们也绝不允许我们当中任何人这样做，要爱护自身人格。

8.我们绝不允许跟人站队的不良行为在华为形成风气。个人应通过努力工作、创造价值去争取机会。

2017 年 4 月，华为道德遵从委员会第二次代表大会召开，会上华为总裁任正非要求华为的领导干部严格遵守"干部八条"，借此机会，华为在内部心声社区展开大讨论，以重塑干部队伍。

在这次大讨论上，华为广大干部和员工积极参与，有的干部反思和检讨自身的问题，有的员工则大胆进言，指出干部问题。

一位干部写道，对照"华为干部八条"中的内容，反思自己的工作，还是有很多没有到位的地方。例如公司的规则"主管的责任是胜利，不是简单的服从"，就没能很好地去执行。尽管有时候会主动思考业务如何展开，但很多时候也迫于领导的压力，不敢坚持自己的意见，觉得领导看得比自己远，毕竟位置及信息量不同。另外一方面，多少也有一些懈怠心理，想着按领导的意思去执行就行了。这样一来，导致决策周期及运作效率降低。在接下来的工作中，要更加主动思考，深入研究业务，坚守公司规章制度，以结果胜利为导向，为领导决策提供专业的建议，敢于提出反对观点和建议，敢于担责。

正是通过这样的讨论活动，华为在无形之中统一了干部和员工的认识，增强了公司和组织的凝聚力。

4.3 技术交流活动

除了一般的专题学习活动，对于业务部门来说，组织技术交流活动也相当重要，尤其是对科技创新型企业来说，每隔一段时间技术都会发生翻天覆地的变化，原有的工具不再被使用，原有的认识也被打破。要保持为客户服务的能力，就必须持续学习，了解业界动态和发展的趋势，更新自己的认知，提升自己的能力。

早在 1995 年，任正非就提出，华为的市场部要转变销售思想，树立战略营销思想，贯彻全面为客户服务意识，营销能力建设要实现从观念到组织的五个转变：公关到策划的转变，推销到营销的转变，孤军作战到团队作战的转变，小市场到大市场的转变，产品营销到战略营销的转变。可见华为在那时便已经意识到组织的能力建设需要应时而动。

在华为内部，关于客户经理能力要求的变化，有一个形象的比喻。就是说客户经理的能力要求也要像软件那样升级，从 1.0 版本不断升级，如今已经是 4.0 版本的时代了。

1.0 版本的客户经理是"千军万马上前线"，像蒲公英一样飘到世界各地去开疆拓土。这其中有不少并不是专业的客户经理，但他们满怀激情和勇气，雄赳赳，气昂昂，漂洋过海。

2.0 版本的客户经理不再是"半路出家"的非专业人士，而是对海外市场和客户有着充分了解，英语流利，有的还会当地的语言，了解跨国运营商的流程管理，并且能全面深入研究当地法律法规的人才。

3.0 版本的客户经理进一步升级，在业务能力上强化了很多，能帮助客户诊断运营痛点、优化网络、强化运营效率，项目运作能力娴熟，客户关系维护专业，能和客户高层在商业层面进行有效对话，是运营商发展的问计对象和战略伙伴。

4.0 版本的客户经理是华为通过训战"将军池"，严格按照未来的要求进行培养和打造的。他们是未来的销售专家和商业领袖，综合能力得到进一步提升，能够深刻洞察行业趋势，深层次理解客户需求，把握市场的"机会窗"，具备设计商业模式、交易模式的能力，各种合同场景下的交易模式都能应对自如，从而帮助客户成功，实现多赢。

因此，为了提升组织的综合能力，华为在内部组织技术交流活动，互相交流工作中的经验，或者业界全新的动态、新技术的应用等等，全方面提高员工的能力。

华为俄罗斯核心网解决方案团队成立于2008年。成立初期，由于人手短缺和经验不足，初期好几个项目遭遇失败。接着又受到金融危机的影响，团队迎来了一个苦涩的冬天。

为了提升士气，增加团队的凝聚力，他们将西点军校的行为准则"No Excuse"作为团队的行为准则，团队成员之间相互分享各自的点子。有成员反馈说与客户往来的邮件、函件和相关网站全都是俄文，很难理解。一位成员便分享了用 Google Translate 来阅读俄文的方法，本地员工也学着用 Google Translate 阅读中文。如此一来，团队的信息传递效率就大大提升了。

此外，他们还利用晚上的空余时间，办了"核心网技术论坛"，团队所有人聚集于此，交流经验，互相碰撞。通过组织技术专题学习，共同处理疑难问题，营造了一种学习型团队的氛围。这种集中的组织培训，让员工通过内部交流和多媒体教材自学，不断夯实他们的技术支持能力。在技术交流的过程中，团队成员之间思想碰撞产生的火花输出了不少想法，甚至在华为公司内部都产生了一定的影响力。

在技术交流活动的形式上，华为通常采取 workshop，即小型专题讨论会的方式进行。与传统的会议不同，workshop 的特点是互动、平等和主动参与，所有与会人员都有平等的发言权，阐述自己的见解，就专门的议题展开讨论。在讨论中，大家发散思维，拓展思路，最后达到集思广益的效果。这种讨论会有时候是内部会议，有时候也会积极邀请客户参与其中。

在思辨研讨的过程中，需要利用一些引导技术，活跃团队的思维，把控流程，从而帮助研讨活动的高效开展。例如 PREP 法，可以帮助参与者有条理地去听、去说，该工具的具体用法如下。

第一，引导者宣布所有发言必须遵循"PREP 法"。

第二，说明 PREP 法的具体含义，即 P（Point）：首先陈述要点；R（Reason）：接着陈述理由；E（Example）：再用事例进行说明；P（Point）：最后重述要点。

第三，当无法理解参与者的发言时，通过提出问题"R 是什么？E 是什么？"来明确发言内容。

只有当发言者的陈述条理清晰、层次分明时，才能准确表达出自己想要传递的信息，同时倾听者才能更高效地读出其中的关键信息。因此，该工具也是研讨交流中的重要引导技术之一。

5. 创新活动小组

为了促进和鼓励员工开展自主学习、素质提升活动，更好地开展创新增效活动，不断地进行技术革新，更充分地利用现有资源，降低运营成本，许多公司都鼓励成立创新活动小组，确保创新工作的顺利开展、圆满完成。

5.1 创新活动小组的成立与项目立项

一般来说，创新活动小组以在技术、业务等方面有专长，具有一定理论水平、创新能力的员工为负责人，所有的小组成员有共同的创新愿望。在整个创新活动开展的过程中，小组负责人要承担带领所有组员的职责，发挥个人之长，开展团队学习和团队创新工作。通过这种创新实践活动，逐步在整个组织中形成团队学习、团队提升的积极向上氛围。

每个创新活动小组在申请立项时，都需要填写"项目立项申请表"（如表4-8所示），交由上级部门进行审核，审核通过后，才能进行后续创新工作的开展。

表 4‑8 **项目立项申请表（示例）**

项目类别： 项目编号：

项目名称		项目负责人	
项目概述：（立项依据、试验方案流程、项目进度安排等内容） 年　　　月　　　日			
项目主要成员：			
立项审核小组审核意见： 年　　　月　　　日			
总经理审核意见： 年　　　月　　　日			

5.2　鼓励员工创新，开展全员学习活动

在创新活动开展方面，最著名的是 3M 公司，它鼓励每一位员工去开发新产品。3M 公司有个著名的"15% 规则"——允许每个技术人员至多可用 15% 的时间来"干私活"，做个人感兴趣的工作方案，且不管这些方案是否直接有利于公司。

在 3M 公司，每当员工有一个新的构思时，都可以上报给领导，3M 公司会组织一个由该构思的开发者以及来自生产、销售、营销和法律部门的志愿者组成的创新活动小组。该小组的所有成员负责将该构思开发成产品，在开发过程中，这些成员将始终待在一起直到成功或失败，然后回到各自原先的岗位上。

一位 3M 主管表示："小组的成员都是招募而来的，公司绝不硬性指派。这其中有很大的区别，比如说，假定我是个营销人员，被指派去评估技术人员的构想，在大多数公司里，通常我只请他把所有缺点都挑出来，然后说这个构想很糟，我就能脱身了事。……可是如我是自愿参加小组工作的话，这种事就不可能发生了。"

麻省理工学院研究 3M 公司有 20 年之久的罗伯茨（Edward Roberts）指出，3M 公司对小组的工作人员说："我们对你们的承诺是以整组成员为单位，只要你们达到公司评估工作表现的规定标准，公司自会让你们随着新产品进入市场，步步升迁，随着产品销售业绩的成长，获取应得的利润。万一你们失败了，我们还有个后援补救制度，那就是保证让你们再回到参加小组前的那个职位。"

在 3M 公司中，一个成功的创新小组的工作人员，对他的事业前途有

何展望呢？罗伯茨做了如下的描述："在 3M 公司，一个人只要参与新产品创新事业的开发工作，他在公司里的职位等级与薪酬类别，自然就会随着产品的营业成长而改变。比如说，他也许一开始只是个生产第一线的工程师，领这一职位等级最高或最低的薪水，一旦他的产品打入市场后，就可晋升为'产品工程师'。当产品每年的销售总额达到 100 万美元时，这个产品成为'具有充分资格'的产品，而这时他的职称与支薪等级都有了重大的改变。等到该产品销售额突破 500 万美元大关的时候，他就可以做到整个产品线的'工程技术经理'了。假如该项产品再进一步破了2 000 万美元大关，就可升格为一个独立的产品部门，他若是开发该产品的主要技术人员，这时就自然成为该部门的'工程经理'或是'研究发展主任'了。"

创新活动小组作为员工开展学习创新工作的新载体，既是开展员工素质提升工作的落脚点，更是提升企业质量和效益的重要增效点。在组建创新活动小组的工作中要始终坚持：第一，夯实基础，制定和完善有关规定和制度，注重过程管理，严格考核措施；第二，整体提升，广泛深入开展创新活动小组培育工作，分层次有步骤地提升员工的工作水平；第三，开展团队学习，以创新活动小组为载体开展富有特色的全员学习工作，搭建员工成长、成才舞台。

6. 复盘活动

"复盘"原本是围棋术语，是指下完一盘棋后，棋手将上一盘棋的对弈过程重推演一遍，总结成功的地方，找出不足的地方，并探索可以改进的地方。这是一个研讨、分析的过程，通过复盘，棋手可以有针对性地提升自己的棋力。国内首先将复盘这一概念应用于企业管理的是联想公司。联想已经开始将复盘作为它们的国际性文化，在全球进行推广。

6.1　复盘的三种类型

一般来说，根据复盘涉及的主体对象、内容，我们可以将复盘分为三种类型，包括个人复盘、团队复盘、项目复盘。

（1）个人复盘

对于个人来说，学习的途径有三种：书本知识、他人的优点、自己的经验和教训。在这三种学习途径中，最重要的就是向自己学习，而向自己学习的最佳方法就是复盘。如果我们能够把自己的每一次挑战、每一项任务、每一段工作经历都当成一次学习机会，通过复盘的方式，从中学习到更多新的想法和知识，就能促进自己能力的不断提升。

高志斌（化名）是华为一名无线网规网优的老兵。在华为多年的工作经历，让他感受到了挑战与痛苦，但更多的是成长与收获。在高志斌看来，在追寻技术的道路上，"学习、实践、总结"是寻找工作方法和规律的最佳途径。

2003 年底，华为中标香港 SUNDAY 的 3G 商用网络，但是在实际交付时，却苦于没有系统的资料可用作参考。为此，高志斌与团队成员一起将项目中遇到的问题和交付流程总结成书，为项目的后续交付奠定了基础。至此，高志斌意识到复盘的重要性。在此后的工作中，高志斌每参与一个项目都会主动总结工作流程、工作方法，不断完善技术方案，大大提高了团队的工作效率。

为了将自己的经验总结转化为团队和组织可以复制和传承下去的知识资产，2011年，高志斌在3MS社区创建了"Radio Planning and Optimization Technical"团队，在网上与全球网规网优人员分享技术经验。另外，高志斌还建立了一些技术交流群，实时为大家解决各方面的问题。该社区和技术交流群已经成为全球网规网优人员分享经验、获取帮助、提升能力的重要途径。

管理学博士邱昭良指出，在进行个人复盘时，我们要注意以下几点。

第一，把握重点。不是所有的事情和经历都要进行复盘，尤其是职场工作者，每天需要面对繁重工作，没有那么多的时间来对每件事情进行复盘。因此，我们只需要对一些重要问题、例外情况进行复盘。

第二，"先僵化、后优化"。这和华为在进行变革时，任正非对华为人提出的要求是一样的，如果我们还没有养成复盘的好习惯，凭借个人经验去操作，很可能会带来反效果。因此，一开始我们可以按照复盘的既定步骤按部就班地展开，直到完全熟悉复盘的逻辑，再对其进行优化。

第三，做好记录并定期回顾。记录是为了加强我们的记忆，在后续回顾的过程中，也有可以翻阅的资料。每个人在不同时期对问题的看法是不一样的，定期回顾可以让我们对事物产生新的想法，获得更大的成长。

复盘作为个人学习和成长的有效方式，如果我们在日常生活和工作中，能够习惯性利用这种方式去进行学习，对于个人能力提升会有很大的帮助。

（2）团队复盘

在工作中，每做完一件事情或活动，就召集相关人员，进行事件的总结与回顾，这就是团队复盘。团队复盘主要涉及两类：一是日常工作中的活动和具体事件的复盘；二是在大事件或长期项目进行的过程中，及时对照总体目标进行复盘，以推进事件或项目的稳健进行。

团队复盘是团队一起探寻真相、求知求真的大会，是观点和思路交锋的大会，是验证逻辑的大会。因此，团队复盘要求所有参与事件活动的人都要参加，无论其职务、年龄或资历。一般来说，团队复盘的操作流程比较简单，所需时间较短，团队领导者或熟悉复盘流程的同事就可以组织和引导，无须外部专家来操作。

一次，华为某代表处的产品经理和他的几位同事前往拜访客户。客户让他们在会议室等，十分钟、三十分钟、一小时过去了。到下班时客户见他们还在，礼貌地说："我现在下班了，我们下次谈。"

回到代表处，产品经理一行人进行了自我批判、认真反思："客户为什么要见我、理我呢？如果我是他，我为什么要引进华为的设备？老板会持什么态度？"他和成员们一起分析总结客户对华为的产品和服务还有偏见的原因，是因为没有从客户的角度出发，没有了解清楚客户的需求，所以才被拒绝。因此，第二天，这位产品经理在客户办公室找了一个空位，观察周围的一切，记下信息，在客户办公室 2 周后，客户手下的产品经理们开始找他咨询一些方案。这位产品经理借这些机会不断回访客户。客户逐渐感受到了华为的诚意，最终购买了华为产品。

通过团队复盘，我们不仅可以从中总结经验教训，在分享复盘成果后，让其他人不再犯此类错误，还可以迅速制定改进或补救行动的措施，及时调整行动方向，这对于团队来说是非常重要的。

（3）项目复盘

项目复盘是一个系统化、结构化的活动，对企业或项目运营过程中各个动作进行细致、严谨、有序的推演，对形成结果的原因进行分析，找到差异和不足，并提出改进方案。项目复盘通常是整个团队的成员共同参与，并且每个人都可以发表自己的见解。

与案例教学的区别在于，项目复盘通常是团队或组织自己过去的、已经完结的项目，团队中每个成员都是项目的参与者，也是复盘的参与者，是对自己过去工作的一种总结和反思。而案例教学的案例来源更为广泛，既可以是公司内其他部门的案例，也可以是业界知名企业的案例等。

因此，案例教学与项目复盘实际上是互相补充的关系，项目复盘是"吾日三省吾身"，而案例教学则可以说是"他山之石可以攻玉"。复盘就是从经验中学习，华为、万达、阿里巴巴、谷歌等企业都在用这种方法。

国外知名企业也有类似于复盘的活动，例如英国石油公司就有一个"项目回顾"（retrospect）机制，这与联想、华为等采用的复盘有着高度的相似之处。

对于项目回顾，英国石油公司总结了需要进行的 12 个步骤，如表 4-9 所示。

表 4-9 　　　　　　　　　　　　　　项目复盘步骤表

步骤	具体说明
召开会议	通常是面对面的会议，这样能最大程度地保证复盘的效果。复盘最好安排在项目结束后不久进行
选择参与的成员	项目组负责人、项目组主要成员都应该参加，如果有可能的话，可以邀请参与项目的项目成员都参加，另外也可以邀请客户参加

续前表

步骤	具体说明
选择联络人	联络人一般是与项目无关的第三方人士，负责项目复盘的引导工作
重温项目的目标和交付成果	项目的复盘从项目的预定目标开始，然后审视最后的交付成果，分析中间存在的差异
重温项目的计划和过程	重新审视项目开始前制订的计划，对比实际的执行过程，分析中间存在的差异
分析做得好的地方	根据目标与成果、计划与过程的差异，找到做得好的地方
分析做得好的原因	团队成员可以畅所欲言，发表自己的看法和意见，得出结论，将成功的经验应用到以后的工作中去
分析哪些地方可以做得更好	找出存在的不足或虽然做得不错但仍然有改进的空间的地方，分析其原因
找出困难和改进建议	找到不足之处最重要的是如何进行改进，以及改进存在什么困难，这才是项目复盘的意义所在
让每个人都有发言的机会	项目复盘是为了整个团队工作的持续改善，应当让每个人都得到发言的机会，并确保他的意见已经表达充分，没有疏漏
探讨如何将成功经验用于后面的工作	只有将成功的经验应用于接下来的一系列工作，复盘的意义才能得到体现
整理并分发会议记录	将复盘的过程记录下来，并整理成逻辑清晰、结构明确的文本，分发给团队成员，以进一步学习

在投标苏丹一个移动通信网络项目时，华为项目组并没有中标。有一次客户召集的网络分析会，华为去了七八个人，每个人都向客户解释各自领域的问题。客户 CTO 抱怨道："我们要的不是一张数通网，不是一张核心网，更不是一张交钥匙工程的网，我们要的是一张可运营的电信网！"

之后，苏丹代表处项目组进行了复盘。在复盘的分析会上，项目组成员通过讨论，认为存在以下问题：部门之间各自为政，沟通不畅，信息不共享，各部门对客户的承诺不一致；客户接口涉及多个部门的人员，对客户来说太复杂；每个人只关心自己负责的领域，导致客户需求的遗漏、解决方案不能满足客户要求等问题；被动响应客户的需求，而不是主动去了解，难以深入了解客户的需求。

复盘后，他们经过仔细思考，苏丹代表处以客户经理、解决方案专家、交付专家为核心组建项目管理团队，形成面向客户的以项目为中心的一线作战单元，以准确全面了解客户需求。这就是华为"铁三角"最初的雏形。

任正非相当重视项目复盘的作用，他在一次内部讲话时要求："项目之初要策划，项目阶段与交付后要复盘，这样一来，员工才能进步得更快。多次复盘之后还可以建立模型，在华为大学、片区、地区部进行推广学习。"

6.2 复盘的操作步骤

经过长期的实践，联想集团提出了复盘的四个操作步骤：回顾目标、评估结果、分析原因、总结经验，如图 4 - 11 所示。

回顾目标　评估结果　分析原因　总结经验

图 4 - 11　复盘的四个步骤

（1）回顾目标

回顾目标是指对当初行动预期要达成的目标或计划进行回顾和梳理，明确目标方向，从而更好地从行动中学习。

在这一环节，我们需要回答四个问题：一是最初采取这些行动的意图或目的是什么？二是采取此种行动想要达成什么样的目标？三是最初的行动计划是什么？四是行动之前我们预先设想了哪些可能会发生的事情？通过回答这些问题，完成回顾目标这一环节。

（2）评估结果

评估结果也就是还原事实，回顾实际发生了什么事情、如何发生的，实际结果与预期目标相差多少。尽管这一步骤听上去很简单，但是由于个人视角和想法的不同，在还原信息时，可能会出现较大的偏差。为了克服这一问题，美军采用了三种办法，尽量客观地采集信息，还原出最接近的真实情况。

第一，指派观察者。美军在开展 AAR（After Action Review，行动后反思）时，会指派一些经验丰富的士兵来全程观察和记录。

第二，使用技术手段。为了更客观地记录事实，在美军训练中心的所有关键位置上，都装有摄影机，同时还用录音带记录对话和内容。

第三，集体研讨。汇集多方的观点，坦诚而深入的研讨，能够更加准确地重现事实。关于这一点，我们在本书第 2 章 5.2 节有详细的介绍。

可能各企业在复盘时，难以做到像美军那样，大多数都是依靠集体研讨的方式。因此，在复盘过程中，引导者的角色至关重要。

（3）分析原因

当事实还原后，我们就可以找出导致事情成功或失败的根本原因，包括主观原因和客观原因。

在这一阶段，我们需要回答以下几个问题。

● 哪些因素导致了成功 / 失败？

● 什么是根本原因（要找到表层原因之下的原因）？

- 内外部因素如何影响了结果？

- 哪些因素是可控的？哪些因素是不可控的？

- 什么因素是最重要的？

- 针对以上因素分别如何解决？

在分析原因时，我们可以使用一些工具和方法，包括头脑风暴法、鱼骨图、因果回路图、5WHY 分析法等。下面具体介绍一下 5WHY 分析法，如图 4-12 所示。

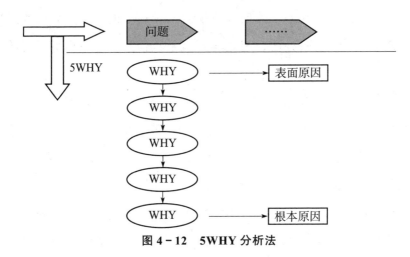

图 4-12　5WHY 分析法

通过对相关事实因果逻辑的分析，找到根本原因，以便得出真正有效的相应解决方案。

（4）总结经验

复盘的关键在于从过去的行动中找到可以学习的经验或教训，从而实现改进。这一阶段我们需要回答以下几个问题。

- 我们学到了什么？下次可以改进的地方有哪些？

- 我们要如何利用总结的规律？是否可以分享？

- 在后续的工作中，哪些是可以应用的？

在复盘过程中，我们可以参考使用以下模板，如表 4 - 10 所示。

表 4 - 10　　　　　　　　　　　　　复盘模板

主题			
时间		地点	
参与人员			
概况简述			
1. 回顾目标			
初衷			
目标 / 关键结果			
2. 评估结果			
亮点			
不足			
3. 原因分析			
成功原因			
失败原因			
4. 总结经验			
经验和规律			
行动计划			

6.3　复盘的衍生形式

联想创始人柳传志说："所谓复盘，就是一件事情做完了以后，做成功了，或者没做成功，尤其是没做成功的，坐下来把当时的这个事情，我们预先怎么定的、中间出了什么问题、为什么做不到，把这个过程要理一遍，理一遍之后，下次再做的时候，自然这次的经验教训就吸取了。"

复盘为个人和组织提供了一个反思的机会，目前国内外许多企业都在使用这种工具，并衍生出了有自己企业特色的复盘形式。

（1）民主生活会

华为有一种复盘方法叫"民主生活会"，它是华为始终坚持的一种自我批判方式。会议每三个月或半年举办一次，要求全体中高管理层参与其中，包括任正非。

在华为公司，自我的"思想批判"是非常严肃的，被认为是加快个人进步的好方法、好武器。华为对那些不能掌握这个武器的员工的办法是暂缓对他们的提拔。两年后，如果还不能掌握和使用这个武器的干部，要降低对其重用程度。这就要求华为在职在位的干部必须奋斗不息、进取不止。

这样的思想批判所带来的结果是：个人和组织存在的问题不至于被累积得过于长久或繁多，大多数问题都能够在较早时得到有效纠正。而且更重要的是，华为的思想批判没有带来队伍的分裂，反而强化了无数华为人的群体奋斗意识；也没有驯化出一批唯命是从的无主见员工，相反，企业上下无不充满个性。

华为的一位高管曾感叹道："自我批判尤其是思想批判不好掌握。华为为什么做到了？一是领导层带头，二是妥协。一般企业是做不到这一点的。"

有人说，在西方信奉基督教的国家，人们会向上帝表示忏悔，他们具有强烈的自我思想批判精神。实际上并非如此。在实践中我们发现，他们并不会在同事之间或团队成员之间进行思想批判，甚至在西方管理学著述中，人们往往会以心理学或行为科学的观点来阐释人性问题；但在如何激发个体潜能和抑制劣根性等方面，他们往往倾向于通过制度化管理来实现企业组织管理。

而华为呢？华为是通过以民主生活会为鲜明特征的自我批判文化来推进企业组织的进步，进而实现了中国式企业的密码传承。

2005 年 12 月，华为在马尔代夫组织召开了 EMT（公司级别的行政管理队伍）民主生活会，讨论干活队伍的廉洁自律问题。EMT 成员共同认识到：作为公司的领导核心人员，我们要正人必须先正己，真正做到以身作则。会上与会者通过了自律宣言，并要求在此后的两年时间内完成关联供应商申报与关系清理，并通过制度化宣誓方式来覆盖所有干部，而且积极接受全员监督。2008 年春节前夕，华为在公司总部召开了宣誓大会，面对与会的 200 位中高级干部，EMT 成员集体举起右手，庄严宣誓。而同年 5～6 月，华为各部门、子公司也陆续开展了宣誓活动。

华为希望通过这种方式，将公司完全置身于一个民主监督的透明环境中。而这样一个监督与被监督的环境，也营造了一种自主进行思想批判的氛围，使得思想批判有效地在华为内部推广开来。

此外，华为还通过民主生活会，在一定程度上使得组织监督的气氛得到了明显改善，员工之间的距离也拉近了。

任正非和华为人的坚持，让华为公司和员工都得到了期望的结果，员工把各自的主张和诉求通过组织的渠道合理地释放出来，并有效地进行自我提升；而员工之间的关系也在毫无猜忌隐瞒的气氛中得以进一步固化，为员工创造了较为友好和谐的思想批判环境。

（2）A3 纸报告

丰田将复盘的方法演化为一个更为系统化的精益工作方法——A3 纸报告。

解决问题是一门思考的学问，把东西写下来有助于思考。如何把每一步骤的重要信息与决策记录下来，和他人分享，获得建议，并吸取他们的意见以作出适当修改呢？

通常情况下，人们会考虑用大量数据表或大型数据库来汇总问题，但往往信息过于繁杂，且离题漫游，需要花费大量时间去找寻信息间的逻辑。丘吉尔曾这样幽默地讽刺一份冗长的报告："这份文件的长度把它自己捍卫得很牢固，完全避免了被阅读的危险！"

为了避免这类问题的发生，丰田发明了一种便于阅读的方法——使用铅笔、橡皮和一张 A3 纸，来编写"A3 纸报告"。这种报告通常以少量文字和绘图结合使用，把问题的源头、分析、纠正和执行计划等各种信息呈现得非常清楚简明，可以用很短的时间阅读、理解，并辅以作出决策。

使用 A3 纸报告讲求的是一个完整开端、随时追踪、完美收场并随时改善的过程。在使用 A3 纸报告时，改善者及时跟踪改善项目，及时提出建议，避免改善结果与目标差距太远。更重要的是，在这个项目完成时，团队成员应该对这个解决问题的循环和持续改善的思维产生一个全新的认识，并在以后的工作中利用它。

为了实现 A3 纸报告的价值，需要改善者将 A3 纸报告的表现形式做得更为生动、直接。A3 纸报告的目的是鼓励人们思考，因此可以尽可能多地使用图表、数据，浅显易懂。例如，在说明目前状况和目标状况时，可使用 SWOT 分析、价值流程图、柱状图等；在原因分析时，可使用鱼骨图或七大质量手法等；而在规划行动时，可以使用甘特图。图表化的 A3 纸报告更容易让人理解。

此外，保持 A3 纸报告的及时更新也非常重要。A3 纸报告是一个很重要的沟通工具，也是改善活动的"宣传栏"。一份及时更新的 A3 纸报告，更容易获得领导和同事的认可。

A3 纸报告的制作是一门艺术，并没有适用各种情况的唯一方式，但一些重点原则是通用的，可以使其呈现的信息更容易被理解。通常情况下，改善者在制作 A3 纸报告时应注意以下事项。

（1）避免过多文字叙述。以趋势图方式展现数据，更易于快速理解。

（2）对类似的信息使用一致的格式。例如，趋势图中设置统一的刻度等级，以免造成视觉误导。

（3）如必须使用文字说明，则分别列点说明，不要使用过长的句子论述。

（4）避免罗列过多项目或过小的数据，以免使得报告不易于阅读。

（5）使用箭头或数字来标识信息走向，使读者了解各部分信息间的关系。

（6）利用视觉平衡感，使读者保持注意力的集中。

很多人误以为，使用 A3 纸报告就是填入框框表格或绘制花哨的图表，意图施展一种报告制作技巧，并且花许多时间看谁做出的图表最新奇。

实际上，这并非 A3 纸报告的主要诉求点。A3 纸报告应该实现的价值是有效沟通、分享重要信息、寻求支持、征询建议、达成共识、解决问题以及获取成果。无论为 A3 纸报告选择何种内容或表现形式，都是基于实现这些价值而存在的。

第5章
行为改变和绩效强化

组织开展学习活动的目的是培养员工良好的学习习惯，加强个人素质与能力，从而提升组织绩效。但学习习惯的改变并不容易，有时需要"个体自我驱动力"和"外部环境刺激"同时起作用才会发生。因此，组织需要采取一些措施，引导员工做出积极的行为改变。

1. 利用心理刺激促进行为改变

组织要想员工做出积极的行为改变，除了设计良好的学习项目外，还可以借助于心理学的相关知识，利用心理刺激引导员工主动学习。

1.1 给予成员适当的期望

希腊神话中有这样一则故事：

塞浦路斯的一位名叫皮格马列翁的王子非常喜欢雕像。一天，他成功地塑造了一个美女的形象，王子面对这个美丽的女雕像爱不释手，每天以深情的眼光观赏不止，心想，要是她是真的，我一定会娶她为妻。王子就这样每天看着美女雕像，想象着她会复活。后来，天神见他心诚，真的将这座美女雕像复活成真。

期望让皮格马列翁王子梦想成真。这毕竟只是一个神话，是人们一种美好的愿望。在现实生活中，期望也会有用吗？

社会心理学家罗森塔尔根据上述神话故事，借用其中王子的名字，描述了他发现的一个有关期望的心理效应——皮格马列翁效应。

罗森塔尔认为，期望，特别是权威者的期望，会形成激励作用，那些被赞美的、寄予希望的人为了使他人不会因为期望落空而对自己失望，会非常努力以达到期望的水平，并希望可以继续获得权威者的社会支持。

罗森塔尔发现这一心理效应也源于一个偶然的机会。他把一群小白鼠随机分为 A、B 两组，并且告诉 A 组的饲养员，这一组的老鼠非常聪明；同时，又告诉 B 组的饲养员，这组老鼠的智力一般。几个月后，他对这两组老鼠进行穿越迷宫的测试，发现 A 组老鼠竟然真的比 B 组老鼠的成绩要好，它们能够先走出迷宫并找到食物。

这引起了罗森塔尔的兴趣，为了进一步证实这一神奇现象的发生是否具有普遍性，他又在一所小学进行了一个类似的新实验。

罗森塔尔和他的助手来到一所小学，这所学校的学生和老师都很尊敬他。罗森塔尔煞有介事地说，自己是来做有关未来预测的测试的。他随意地从每个班挑选了几名学生，说这些学生都是高智商人才，在未来一定会有所建树。罗森塔尔笃定的语气让周围的人都信以为真。

实际上，这些学生与其他人并没有什么不同。但是，几个月过后，当罗森塔尔再一次来到学校时，校长告诉他：他挑选的几名学生的确是人才，他们的表现都非常出色。他们的成绩有了显著提高，并且，性格开朗，情感丰富，求知欲强，敢于发表意见，与老师的关系也更为融洽。

难道罗森塔尔真的有神奇的预言能力吗？当然不是，是因为"期望"在其中发挥了作用。罗森塔尔是著名的心理学家，在人们心中具有权威性，老师们对他的话深信不疑。因此，在教学中，也对这些"特别聪明"的孩子寄予厚望，这种期望令学生对自己的能力深信不疑，而正是这种自信与对自己的高标准要求让学生们更加努力，做得更好，成为优秀学生。

从实验中，我们看到，即使那是个谎言，但是，这一善意的谎言却促成了非常好的结果。期望并不只是一项心理活动，它意味着权威者带给他人可以成功的心理暗示，并由此产生了强大的精神动力。

所以，管理者对待成员的态度会影响成员的行为表现，期望意味着肯定他身上的价值。因而，管理者要重视对成员寄予适宜的期望，这是推动团队进步的精神力量。值得注意的是，管理者在向成员表达期望时，不要含糊表达。管理者对员工表达期望，是为了让员工因为感到被重视、被信任，与管理者产生"信任共鸣"，进而调动员工的积极性，让他全身心地投入工作。含糊的表达有时会加深员工的顾虑。管理者清晰地表达对员工的期望，才能让员工没有犹疑，认为领导是坚信自己的。

在具体使用期望效应时，要遵循以下几点原则。

（1）寄予期望也要因人而异

运用期望效应时，要格外注意的是，期望值要与期望对象的能力相符。一些管理者由于对员工没有充分了解，或者急功近利、急于求成，没有按照事物的发展规律一步一步来，很容易造成期望脱离员工的实际水平。

当期望过高，而员工达不到管理者的要求时，一方面会让管理者对员工非常失望，而另一方面，对于员工自身，由于达不到管理者期望的目标，反而会产生意志消沉、自暴自弃的后果。

对待工作能力强的员工，管理者要寄予厚望，在其取得成绩时加倍肯定，激励员工超越自我。

对待工作能力一般的员工，管理者可对其每个阶段的工作寄予期望。对其工作取得的进展要及时反馈，可多使用公开表扬的方式。

对待刚刚起步或是基础较差的员工，要善于放大他身上的每一个闪光点，并让员工认识到自己对于团队是不可或缺的。

（2）注重言语的技巧和表达方式

一个成功的管理者在对待员工时通常都很注重言语的技巧和表达方式。例如，当下属在工作中出现失误或漏洞时，一个严厉的管理者可能会这样说："这点小事都做不好，你还能干什么？！"而具备领导艺术的管理者则会委婉地说："这件事如果换成其他方法做可能会更好，不如我们再试试。"

严厉的管理者当然也可能达到他所预期的结果，但这种工作氛围恐怕不会很融洽。员工一旦对管理者产生不满情绪，势必会影响心态，使工作成效大打折扣。而后者则把责令转换成平等的建议，让员工觉得管理者为员工着想，希望员工进步，自己应该朝那个方向努力。

（3）描述期望后，让员工确认

描述期望后，让员工确认，首先是为了让员工清晰、明确地认识到他是这件事情的主角。整个事件会取得什么样的结果取决于员工自身，因而在让员工感受到被重视的同时，也对员工形成了压力。

其次，这样做还可以让员工感受到被尊重，认为这是管理者在征求自己的意见，而不是命令，因而对管理者的期望产生友善积极的情绪。

最后，也是最重要的一点，管理者表达期望后让员工确认，目的是让员工将期望内化，也就是把你对他的期望变成他对自己的期望，行动起来更有干劲。

期望对人的行为有非常重要的影响。积极的期望对行为的影响是巨大的，而消极的期望对人行为的影响也不可小视。所以，如果想要学习者根据组织的意愿行事，成为组织期望的那样，那么就应该努力向学习者传递积极的期望，这样事情才会朝着好的方向发展。

1.2　运用积极暗示，提升信心

心理学研究发现，人类具有一种非物质的意识力，它能够影响物质的变化，这种非物质的意识力，也称意念力，具有无所不在的神奇魔力。意念力实际上也就是心理暗示的作用，它利用语言暗示可以改变人的心理、行为以及机体的生理机能等。

通过意念力，或者说心理暗示的作用，可以改变人们的信念。有关心理暗示的力量，心理学家们做过很多实验，包括令人们好奇的催眠，其实也归功于心理暗示的力量。有关暗示的实验中，最为惊悚的莫过于第二次世界大战时期，战犯由于暗示强烈被吓死的实验。

实验一：一名教授将战犯关在房间里，并告诉他，要换一种方式来处死他——将他的手臂割开，放血直到他死亡。然后，教授拿出刀，然后将战犯的眼睛用黑布蒙起来。接着，战犯感觉到手臂一阵冰凉，应该是刀割造成的，耳边又听到了滴答滴答的声音，像是血液滴下的声音。

其实，教授并没有真的用刀割开他的手臂，他听到的血液的滴答声也只是通过旁边的水龙头发出的。但是，令人惊奇的是，第二天，这名战犯真的死了，并且，死亡状态与被放血致死的情况并无二致。

实验二：实验时，主试将一个铁块从烧红的炉子中拿出，并放在离被试手臂30厘米的高度，逐渐向下，让被试感觉到铁块的热度。当被试反应说忍受不了热度时，将被试的眼睛用黑布蒙上，在被试不知情的情况下，放下铁块，拿出一个木块，以同样的方式下落，并不断告知被试，铁块正在下落。

当木块掉落到被试的手臂上时，被试的手臂上真的有了一个被烫伤的水泡。这也是因为被试由于强烈的心理暗示形成的结果。

从实验中，我们看到暗示会对人的心理状态产生影响，心理状态的变化导致人的生理机能也跟着发生改变。一个人如果在生活中总是寻找消极的东西，那么消极心态就会成为一种难以克服的习惯。他会将生活中遇到的每一种情况都看做是上天对自己的惩罚，当成障碍和麻烦。哪怕只是面对普通的行为，具有消极心态的人，也会将它当做是一场大的灾难。

心理学家弗洛伊德将人的意识分为意识与潜意识，并以冰山来比喻其形态，意识只是冰山的一小部分，而潜意识才是隐藏在海水中的大部分冰山。心理暗示正是运用了人类巨大的潜意识力量，对人产生了影响作用。

心理暗示分为两种，它的作用可以是消极的，也可以是积极的。积极的暗示可以帮助被暗示者稳定情绪、树立自信心、战胜困难和挫折，赋予人们自我突破的巨大力量；而消极的暗示则会起到相反的作用，赋予人们的则是自我抑制的消极作用。

在学习过程中，管理者多运用积极暗示会使团队成员产生积极的信念，从而提高学习效率。积极的心理暗示从本质上来说，就是通过激励式的语言，将积极的思想意识逐渐注入人的大脑意识中，从而激发起高昂、乐观的心境与意志。在使用暗示方法时，可以采用以下建议。

第一，在语言选择上，可以选用那些简短、具体、直接、肯定的语言，这样的语言会带来直接的冲击力，更加振奋人心。并且，可以用鲜明的图像化方式来加强自我暗示的效果，比如，让团队成员回忆过去的成功经验是如何发生的，将过程在大脑中重新浮现，强化心理信念。

第二，在使用时间上，建议长期坚持，毕竟让人产生信念不是一朝一夕就可以达成的事情，为了效果持久，要经常、反复使用为宜。

第三，在使用的方式上，可以针对团队集体使用，也可以针对团队成员个人来进行。管理者要视团队情况来定夺，鼓舞士气或者激励成员，让团队在积极的环境下以积极的信念完成任务。

积极的暗示，可以极大地影响人们行为的改变。培训工作者在保障组织成员的学习效果方面，可以运用积极暗示的方式，使其产生对学习的信心，提升其成功的信念，从而做出组织希望的行为改变。

1.3　积极反馈，给予成员认可

在与他人交往的过程中，互动是非常重要的一个环节，如果只有一方投入而另一方却是事外人的态度，任何有趣的事情都会变得索然无味。就像一个游戏，明明双方配合得很好，结果对方却表示很无聊，这时，原本很快乐的你是不是也会觉得兴致全无？

因而，在团队管理者与团队成员的决策互动中，管理者的反馈是极其重要的。这不仅会对团队成员的行为表现起到调节改善的作用，也是与他人进行情感互动的一个环节。

在心理学中，反馈效应指的是学习者了解自己的成绩后，会对接下来的学习行为起到一定的强化作用，促进其努力，提高其成绩。关于反馈效应是否真的有效，心理学家们做了许多实验来进行研究与论证。

1923 年，布克和诺凡尔针对反馈进行了实验，他们选取大学生作为被试，任务是完成练习，要求既要速度快又要质量好。练习一共是 75 次，每次 30 秒。

被试被随机分为人数相等的 A、B 两组。在前 50 次的练习中，每次练习过后，A 组的被试都会知道自己的成绩，并且，对于错误的地方会有人进行详细的解释并加以鼓励；B 组呈现无反馈状态。当 50 次练习过后，接下来的 25 次练习中，两组的处理情况对换。A 组呈现无反馈状态，对 B 组进行反馈。

结果发现，前 50 次的练习中，A 组的平均成绩明显好于 B 组，后 25 次的练习中，结果刚好相反，B 组要更好。这表明，反馈会提高我们的学习成绩。

罗斯和亨利进行了相似的实验，他们不仅研究了反馈，还限定了反馈的时限。罗斯和亨利选取了一个班的学生作为被试，他们将这个班的学生分成三组，予以不同的处理。每天学习后，会根据当天的学习内容进行测验。对 A 组学生每天的测验都会有反馈，B 组学生则一周进行一次反馈，C 组学生不进行反馈。八周后，A、C 对调，B 不变，同样的实验继续进行八周。

结果显示，B 组学生成绩一直处于中间状态，趋于稳定中上升；A 组学生在前八周成绩最好，不反馈后，成绩下降；C 组学生在后八周成绩最好，反馈后，成绩上升。实验结果告诉我们，反馈很重要，及时反馈要比不反馈带来更好的效果。

从实验中，我们可以得出这样一条结论：积极、及时的反馈会提高我们的学习成绩。这是因为反馈可以使行为者对行为的效果加以了解，而这种了解会起到强化先前行为的作用。

在组织学习中也是如此。管理者对团队成员的反馈互动，不仅会提高团队成员的学习效果，并且，在互动的过程中，强化了成员的表现，促进主动学习行为的发生。

反馈意味着管理者需要对成员的表现有个明确的态度，这一态度会对行为起到强化作用。在使用积极反馈的方法时，可以采用以下建议。

第一，管理者的态度往往决定着团队成员在今后学习中的表现。如果团队成员提出学习的意见后，管理者不予理睬，完全漠视，将会打消成员的积极性，对于组织发展而言具有不良影响。所以，当成员提出意见后，管理者要予以重视，加以回复。

第二，对于成员的积极性要予以积极的肯定，但是，对于学习效果的好坏要予以真实的回复，并尽可能从中提取积极点，简要说明消极点，这样，才会有利于成员的改进，才可能更好地发展。

要保障员工能收到有效的反馈，就要让他们能更加清楚地看到自己的学习方式和工作结果之间的联系，这有利于提高员工的工作绩效。不管怎样，积极反馈的目的是让员工自主学习，进一步激发他们内在的工作动力和热情。

2. 营造学习的仪式感

仪式在我们的日常生活中无处不在，这些仪式不仅仅是简单的行为，其背后都蕴藏着独特的文化内涵。为了营造组织的良好学习氛围，学习的仪式感是必不可少的。

2.1　学习文化的传播和传承需要仪式

为什么在企业生活中会有这么多的仪式？这是因为仪式可以传递企业文化，每种仪式的背后都有独特的文化内涵。文化的传播不只是理论学习，这会显得很枯燥，员工不一定能学进去，企业仪式更加生动，能够促进员工对企业文化的接受。因此我们不难理解为什么华为设立了那么多的奖项来鼓励员工去奋斗，这其实就是一个文化传播的过程。

企业的仪式不仅对对内传播和传承企业文化有一定的作用，在对外宣传企业文化，让外界了解企业方面也是有作用的。现在向外流出的很多有关华为的信息，就是华为的高层领导在内部各种仪式上的讲话以及对外的一些仪式上的讲话。

2014 年，华为在苏州举行了华为中国企业业务服务合作伙伴大会，在大会上，华为对许多优秀服务合作伙伴进行了表彰，还表彰了优秀总经销商以及"渠道服务技能大比武"的优秀个人。华为通过这样的大会来帮助合作伙伴提高自身能力，让他们在今后的合作中能为华为提供优质的服务，并与华为一起共建良好的生态圈。

此次大会上的颁奖对调动华为服务合作伙伴的积极性很有帮助，而且合作伙伴在比武等环节中对于华为产品和解决方案有了更深的了解，也加深了合作伙伴对服务渠道政策的了解。

企业仪式不仅可以在内部举办，对外部也可以积极展开。因为任何一个组织要想在业务发展中有更多的人了解本企业，展开深度合作，仪式是很好的一种宣传方式。

仪式在企业中还有很重要的一个功能，即它是承担文化传承的载体。企业的领导人会更换，员工会变，制度也会变，只有企业的文化才能长久保留下来并支撑企业的发展。很多优秀的企业领导人都认为文化才是企业的灵魂，在任正非看来，世界上一切资源都可能枯竭，只有文化可以生生不息。

任正非曾说过："不要说我们一无所有，我们有几千名可爱的员工，用文化粘接起来的血肉之情，它的源泉是无穷的。我们今天是利益共同体，明天是命运共同体，当我们建成内耗小、活力大的群体的时候，当我们跨过这个世纪形成团结如一人的数万人的群体的时候，我们抗御风雨的能力就增强了，可以在国际市场的大风暴中去搏击。我们是不会消亡的，因为我们拥有我们自己可以不断自我优化的文化。"

所以，文化传承需要载体，而仪式就是不错的选择。很多传统文化就是靠一些仪式世世代代传承下来的，比如说春节、端午等传统节日，就是在仪式感中强化了我们对文化的记忆。如今随着通信工具的发展，很多传统节日的仪式感少了很多，像春节这样的传统节日也不如以前热闹了。这些与承载文化内涵的仪式逐渐减少不无关系。

企业学习文化的传承同样需要仪式，可以借助各种各样的仪式帮助组织学习文化的传承，这样当企业的员工一批批更换后，文化却能很好地被新一批员工传承下去。学习需要仪式来促进，需要用某种特殊的仪式来让成员获得对成长的心理认知，获得陪伴感和归属感。

2016 年，华为成立了华为中国合作伙伴大学，与此同时，华为与合作伙伴的"比武"也升级了，成为"匠心杯"华为中国合作伙伴邀请赛。虽然这是华为为提高合作伙伴的能力而设置的比赛，但是从比赛的名称就可看出，华为希望能和合作伙伴共同传承华为的匠心精神。这一精神任正非多次对华为人强调过，华为通过多年的奋斗，匠心精神也深入人心，如今设立这种比赛，就是在鼓励华为人能够将这种精神继承并发扬。

不管是华为内部的比武，还是与合作伙伴共同举办的比赛，从中都可以看出，华为是在将公司的文化通过这种仪式传承下去。

在学习型组织中，仪式可以使组织内部成员形成共同价值观，增强凝聚力。仪式给个人带来的感觉，是一种强烈的自我心理暗示，能把个人的专注力、反应能力、动作能力迅速提升，使其更专注、更认真。组织学习需要通过仪式来宣告它的存在，弘扬组织学习的价值主张。

2.2　用丰富多样的形式塑造仪式感

组织可以通过多样化的形式来塑造学习的仪式感，激发组织成员的参与热情，提高对学习的兴趣，并将这种学习型组织的文化很好地在企业内外部传播开来。丰富多样的仪式不仅可以增加成员之间的互动和交流，也体现出组织对于学习活动的重视，吸引更多的人主动加入到学习中来。

企业在经营中形成了自己的文化，为了将这些文化在行为上体现出来，也少不了各种各样的仪式。很多企业在成立时通常会举行开业典礼，新项目启动后有开工仪式，新员工培训时有欢迎仪式，每年奖励优秀员工时有表彰大会，年终时有企业年会等，这些都是企业生活中的仪式。每一种仪式的意义都不同，比如说开业典礼是希望开门大吉，企业有好的发展前景；优秀员工表彰大会是企业价值观的体现，奖励的是那些认同企业文化并作出突出贡献的员工。

华为作为一个具有深厚文化的企业，在经营活动中肯定少不了仪式。华为不仅总部每年会有很多仪式，各地区部同样也有不少仪式，因为华为员工众多，为了能够让每位员工都能从仪式中感受到文化内涵，各地区部会根据需要自己安排一些仪式。

华为每年都会招聘大量新员工，在新员工培训期间，华为高层领导会召开新员工座谈会，并对新员工发表讲话。2017 年，任正非就在新员工入职培训座谈会上发表了讲话，他以讲故事的方式，从中国文字改革说起，目的是向新员工传递在华为如何去融入组织，如何去提高自己。就像任正非自己说的，"说得对的就给你们年轻人做个引子，你们自己再去认识。"这种讲故事的方式更便于员工去理解任正非所要传达的意思，而任正非要表达的也是华为企业文化的中一部分。

华为的很多仪式就像任正非与新员工的座谈会一样，对员工来说不仅是鼓励，更是在对员工强调企业文化的某些部分，让新员工能够快速适应新角色，融入新环境。

很多优秀企业的领导人在管理中懂得了仪式的重要性，在任何活动中，都会融入企业的文化要素，并传达企业的价值观。华为每年都会举办很多颁奖典礼，并且会隆重表彰优秀员工。华为之所以这样做，是因为任正非深知仪式是激发员工斗志、鼓励员工不断学习并创造价值的最佳方式之一。华为为了鼓励员工学习，创造了各种各样的奖励，从这些奖励中不难感觉到华为想要传达的意义。

1999 年，华为就设立了公司金牌奖，分为金牌个人奖和金牌团队奖，奖励那些对公司作出过突出贡献的团队和个人；2008 年，华为设天道酬勤奖以奖励那些被派驻海外累计 10 年以上或在艰苦地区连续工作 6 年以上的员工；2013 年颁发的优秀小国经营奖，主要是表彰取得优秀经营成果的小国小办事处；2014 年颁发的"蓝血十杰"奖是华为管理体系建设的最高荣誉奖；2015 年和 2016 年颁发的"明日之星"奖，是对那些艰苦奋斗的英雄的奖励。

此外，华为还有每年的市场大会颁奖典礼以及一些特别的颁奖，如"从零起飞奖"，在 2009 年甚至给那些艰苦奋斗员工的家属颁奖。这些还只是华为奖项的一部分，华为的奖项之多也充分体现了其不会让奋斗者吃亏的承诺。

华为各种形式的奖项，可以充分将仪式这一学习文化载体的作用发挥出来。不要认为这些仪式只是表彰优秀的人，每一个奖项都是华为学习文化的体现。例如，"蓝血十杰"奖是在号召更多优秀员工学习"蓝血十杰"精神，完善公司的管理体系建设；"明日之星"奖不仅奖励英雄，还鼓励人人争当英雄，增强团队力量，让"遍地英雄下夕烟"。

学习的仪式感的力量，在于"塑造"，而不是"灌输"。通过一些固定形式的比赛、奖励活动，让组织成员渐渐形成对学习的理解。

3. 充分利用工具来管理学习行为

为了使组织成员养成良好的学习习惯，主动做出行为改变，可以利用一些学习工具来管理成员的学习行为，固化其学习习惯。

3.1　养成好的行为习惯需要不断地重复

当组织有了一个好的学习计划后，下一步就是希望成员能够按照计划去执行，通过不断地重复参与学习活动，养成良好的学习习惯。

快速的执行力是提高效率的一种有效方式。

卡莉·菲奥莉娜在成为惠普公司首席执行官的候选者时曾经说过：自己要用三年的时间来改变惠普的命运，即使经济不景气。既然计划已经公之于众，她接下来就开始了对惠普的一系列改革行动。第一次出访她用的是专机，然而，这与惠普的平民文化——无论到世界各地进行商务专访还是其他活动，历任总裁都不会坐专机——是相抵触的。对此，卡莉说："高效率是公司成功的一个重要因素。用专机可以让我在更短的时间里访问更多的地方，做更多的事情。"这就是一种快速执行力的体现。

快速的执行力固然很好，但是，执行的过程又是一个新的挑战，因为，人都有惰性。在遇到一个对自己而言比较大的刺激后，会有立刻努力的想法。但是，这种热情往往坚持不到三天，就被各种理由击退了。好了伤疤忘了疼，不再疼痛了，动力也就消失了。如果想要一直保持对计划的有效执行，将计划形成习惯很重要。

我们每天都要吃饭、喝水、睡觉，这样的事情已经自然而然地成为我们生活的习惯。我们在做这些事情的时候，不需要考虑应不应该，不需要毅力的支持，也会完成得很好。这是因为习惯不会让人觉得需要额外的努力和借口，如果我们把学习计划也培养成为生活习惯的一部分，那么，主动学习会成为习惯，自然不用担心学习的效果。

要想让计划成为习惯，需要我们一段时间的坚持来让它形成我们的生物钟，这中间千万不要间断，否则，还得重新来过。在坚持一段时间后，你会发现，这已经成为你自然的习惯。万事开头难，最开始的一段时间，千万不要萌生退出的念头，坚持下来，会越来越好。

"习惯"指人们在长时期里逐渐养成的、一时不容易改变的行为、理想和信念，也就是德鲁克所指的人们在工作中表现出来的"优势、工作方式和价值观"。正如亚里士多德所言："总以某种固定方式行事，人便能养成习惯。"形成习惯的过程实际上是有意识的行动的不断重复，从有意识的不熟悉到有意识的熟悉，再到无意识的熟悉，就进入潜意识而变成习惯了。

那么，这里的"长时期"究竟要多"长"呢？在行为心理学中，人们把一个人的新习惯或理念的形成并得以巩固至少需要 21 天的现象，称为 21 天效应。就是说，一个人的动作或想法，如果重复 21 天就会变成一个习惯性的动作或想法。根据专家的研究发现，21 天以上的重复会形成习惯，90 天的重复会形成稳定的习惯。

习惯的形成大致分三个阶段。

第一阶段：1 ～ 7 天左右。此阶段的特征是"刻意，不自然"。你需要十分刻意提醒自己改变，而你也会觉得有些不自然、不舒服。

第二阶段：7 ～ 21 天左右。不要放弃第一阶段的努力，继续重复，跨入第二阶段。此阶段的特征是"刻意，自然"。你已经觉得比较自然、比较舒服了，但是一不留意，你还会恢复到从前。因此，你还需要刻意提醒自己改变。

第三阶段：21～90天左右。此阶段的特征是"不经意，自然"，其实这就是习惯。这一阶段被称为"习惯性的稳定期"。一旦跨入此阶段，一个人已经完成了自我改造，这项习惯就成为他生命中的一个有机组成部分，它会自然而然地、不停地为人们"效劳"。

著名推销大师乔·吉拉德说："成功就是简单的事情重复去做。以这种持续的毅力每天进步一点点，当成功来临的时候，任何人都无法阻挡。"成功者和不成功者之间有一个十分显著的不同，成功的人，不管学习活动本身有多烦琐或是枯燥，总能不厌其烦地坚持做下去，而失败者往往无法做到这一点。总之，我们只有不断地坚持，才能养成良好的学习习惯。

3.2 使用督学工具，培养良好学习习惯

任何事情都一样，说起来往往比做起来简单很多，所以，即便我们明白了养成好的学习习惯的重要性，面对重复的学习活动，仍然难免会生出烦躁的情绪。这就要求我们做一个有计划的成功者，去有计划地为自己塑造好习惯，挖掘自己最真实、最丰富的潜能。

目前，在组织学习中，培训工作者都会使用一些督学工具来管理成员的学习行为。例如鲸打卡，它可以提供完善的督学服务解决方案，帮助培训工作者为学员制订练习计划并监督学员完成，保证学习效果。鲸打卡自主研发了打卡功能，通过小程序提供收发作业平台，老师在小程序上统一布置作业，学生完成学习后在平台上提交作业，并完成当天学习打卡。

鲸打卡学习系统是独立"轻度"的入门级学习产品。其特点包括：是一

个完整闭环、超轻量级的督学系统；有专属品牌小程序、图文录播视频教学、任务制学习；在学习方式上有背单词、每日一练、阅读打卡、口语打卡、社群学习；通过英文评测、社区互动、高效点评、日签打卡营销，轻松获客引流。

鲸打卡督学系统让转化率、续费率轻松翻番。从低客单价到高客单价，尽可能提升每个环节的转化率；通过上课互动、作业展示留存、学习习惯养成、考试测评，让学员知道自己提高了，从而提高续费率[①]。

在组织学习中，"打卡"活动的作用包括两个方面。

第一，打卡意味着公开承诺。根据承诺一致性原则，公开承诺有助于成员更加主动地去完成学习任务，这一点在本书第 2 章 4.3 节有详细的阐述。

第二，打卡有助于好习惯的养成。上一节说道，好的行为习惯的养成是一个不断重复的过程。组织成员通过每天重复打卡，可以帮助其养成良好的学习习惯，直到不用打卡也能主动去学习。

4. 发挥榜样的行为牵引效能

在建立学习型组织的过程中，为员工树立明确的学习标杆同样是行之有效的措施之一。所谓的标杆牵引，又称标杆管理，是指管理者制定一个高的标准，并在企业内部或外部明确一个达到该标准的榜样，以榜样为基准，引导员工向其进行持续的学习以改善自身。通过塑造榜样，扩大个人影响力，吸引更多的人主动参与到学习中来。

① 资料来源于鲸打卡官网：https://www.jingdaka.com/。

4.1 塑造榜样，尊重榜样的力量

英国管理学家约翰·爱德欧曾在著作中指出，"一个团队内部无论哪个层面出现滥竽充数的人，他们都会像蛀虫一样腐蚀企业，影响到其他员工，并最终使得原本能力出众的人也渐渐趋于平庸。反之，如果一个团队中有那么几个值得人学习的好榜样，那么，整个团队就会在潜移默化中受到他们的积极引导。"

榜样行为是一种非常值得重视的非权力影响力。什么是榜样行为的影响力呢？它指的是与他人集体工作时，通过自己的优秀行为给他人提供一种可值得学习和效仿的模式，这种行为力量在行为发出者身上同样会产生心理和行为的影响力。社会心理学家认为，榜样行为活动是指个体通过耳闻目睹，了解和收集有关他人优秀行为的信息，并将这些信息内化为自己的主观意识和态度，进而引起思想感情上的变化，再由个体的主观意识、态度、情感等加工出来的实践行为活动。这种榜样行为所指向的目标发展，不仅会对自身的工作产生巨大的心理感染力，还能够让我们的工作深入人心。

德鲁克曾经指出，在企业管理中，组织者要想让员工摒弃那些不良行为，仅仅依靠制度的约束是不够的，还需要塑造正面榜样，制度只能指挥人，榜样却能吸引人。倘若企业对优秀榜样表现出足够的尊重和礼遇，那么，员工便会潜移默化地受此影响，向榜样看齐。

在德鲁克担任通用汽车公司顾问的几十年里，通用公司总裁查尔斯·威尔逊深受其理念影响，在通用公司，每年都会从各个部门中评选出技术精英和岗位模范，并对其进行表彰和奖励，最高奖励甚至是一部通用自产的高级跑车，以此激励其他员工向其学习。

榜样是树立行为学习的典范，跟随者一言一行都要向其看齐，不能有任何的偏离。如果一个组织中有很多正面的标杆人物，在他们的带领下，学习的执行力会大大提升，整个组织都会往更好的方向发展。

美国大器晚成的女企业家玫琳凯认为，领导的速度就是众人的速度，称职的管理者应以身作则。

玫琳凯非常注重企业组织中经理的榜样作用。她非常清楚经理作为一个部门的负责人，他们的行为受到整个工作部门员工的关注。她说："人们往往模仿经理的工作习惯和修养，而不管其工作习惯和修养是好还是坏。假如一个经理常常迟到，吃完午饭后迟迟不回办公室，打起私人电话来没完没了，不时因喝咖啡而中断工作，一天到晚眼睛直盯着墙上的挂钟，那么，他的部下大概也会如法炮制。"

人们的行为都是从他人那里学来的，尤其对于新员工，这种影响作用更明显。因此，在企业中，选择一个好的榜样至关重要。那么，如何塑造榜样人物，使其激励效果达到最大化呢？方式之一就是给榜样员工贴上"榜样"的标签。

心理学中有一个"贴标签效应"，一个人被贴了某种标签后，会严格要求自己，让自己的行为符合标签的定义，从而起到榜样的带头作用。因此，为榜样人物定做特别的服饰或其他标识，是一种常见的有效的激励方式。

例如，某企业普通员工的工作服是天蓝色的，公司评出了十个优秀员工以后，让优秀员工穿红色的工作服。红色看起来比较刺眼，全公司六七千人都是天蓝色的服装，只有十个人是红色的，远远一看就能看到。

榜样的影响力存在于一言一行中，而且这种影响力是潜意识的。树立榜样，学习榜样，保持榜样的心理秩序。这是组织发挥标杆力量建设学习型组织的基本前提，是组织号召大家参与学习的基本逻辑，也是组织传播优秀学习文化的基本手段。

4.2 为标杆颁奖，激发学习动力

一般来说，组织为了宣传标杆，表达对榜样的尊重，可以在企业内部刊物、网站上公开宣传优秀榜样的学习经历。除此之外，还可以通过表彰优秀的学习者等非物质激励的手段，鼓励大家向标杆学习。

著名心理学家阿德佛（Aldefer）研究发现，人的需要主要包括生存、关系和成长三个层次。而需要正是激励的基础和前提，所以，企业对员工所进行的非物质激励也可以根据生存、关系与成长，分为三种形式。

（1）满足员工生存需要的非物质激励方式。生存需要是员工追求基本生活稳定和保障的需要，只有员工的生存需要得以满足，员工才能全身心地投入到工作之中。其具体内容包括：安全激励、公正激励、企业发展目标激励等。

（2）满足员工相互关系需要的非物质激励方式。相互关系需要主要是通过管理者与员工相互交流沟通以满足员工对交往、尊重等方面的需要。有四种主要的非物质激励形式与此相对应，分别为沟通激励、尊重激励、信任激励以及认可激励。

（3）满足员工发展需要的非物质激励方式。发展需要更多地表现为事业需求，即员工希望自己能够在事业上所取得的进步。满足员工这类需要的激励形式主要包括：事业激励、晋升激励、培训激励、参与激励等。

在上述三个层次的需要中，生存型激励是基础，关系型激励是保障，发展型激励是关键。三者相互依存、缺一不可。

华为在非物质激励方面做出了许多努力，设立了众多的奖项，充分体现出华为对优秀学习榜样的尊重和认可。

华为的荣誉奖项包括综合 KPI 绩效奖、DSO 冲刺奖、"蓝血十杰"奖、金牌个人奖、金牌团队奖、华为奋斗奖、优秀产品拓展团队奖、优秀交付拓展团队奖、明日之星奖、重大销售项目奖、金网络奖、Top Sales 奖、人均效益改善突出团队奖、HR 行业秘书体系专项奖、持续奋斗奖、十佳文秘奖以及干部培养突出团队奖等。这些奖项面向所有华为员工，只要符合相关的评选条件便可以参与其中，获奖者在得到奖牌、奖杯、奖金的同时，还有机会站在领奖台上，与台上台下的家人一起分享荣誉。

这种尊重和认可所带来的效果绝非仅仅对得奖者产生激励那么简单，它还会在企业内部形成一种风尚，引导着更多的员工向榜样看齐。

20 世纪 70 年代，美国心理学家班杜拉通过"榜样模仿实验"证明，人的学习活动主要是通过观察和模仿他人而得以实现的。因此，被模仿的"榜样"便具有强大的影响力。管理者对坏榜样进行惩罚，则能够有效地警示员工，不要做出类似的错误行为；对好榜样进行奖励，则能够有效地鼓励员工更多地向好榜样学习。

IBM 公司一向认为，公司的每个员工都是有无限潜力的，只有采取有效的措施引导和激发，才能实现企业和员工之间的双赢。

IBM 公司设立了个"百分之百俱乐部"。只要员工完成年度工作任务，均可加入该俱乐部。届时，俱乐部会员及家人都会被邀请参加公司举行的隆重集会。公司员工以"成为俱乐部会员"为荣，并以此为目标而努力工作。

这是一种荣誉激励法，就是根据员工希望得到团体尊重的心理预期，给那些为团队作出突出贡献的人以一定的荣誉激励，并将这种荣誉获得形式加以固定。这种激励方法不仅能让获得荣誉的人经常以此鞭策自己，还能为其他人树立学习的榜样和奋斗的目标，具有较大的感召力和影响力。

试想，如果你的公司也设有这样的奖项，你会不会努力尝试一下争取这项荣誉？成为俱乐部会员，成为所有员工羡慕和敬仰的对象。再者，如果你身边的人获得了这项荣誉，享受着鲜花和掌声，而你没有，你会对此无动于衷吗？会不会也憋足了劲儿，在下一次评选中大展拳脚呢？

所以，如果组织也想做到像华为一样鼓励千军万马上战场，更好地从精神层面激励员工自主学习，从而引领团队转型，建设学习型组织，为组织创造更多的价值。那么，不妨先学学华为，为榜样颁个奖，激励一下优秀，再刺激一下普通，做到全员受力，集体奋发。

4.3 开展各种向榜样学习的活动

以员工自己身边的人或事作为榜样，往往能达到明显的激励效果。因为，员工彼此之间的身份差异很小，容易了解榜样成功的过程，在从众心理的影响下，较容易模仿榜样的行为，从而产生赶超的信心。组织选取的榜样人物，是在某一个或者是几个方面优秀的人，而不是处处都优秀的完人。因此，选中的榜样人物并非要有极其突出的事迹，最好是平凡的员工在自己的岗位上比别的员工业绩高，这样就可以树立为榜样。

为了更好地发挥榜样的行为牵引效能，组织还可以积极引导各部门员工开展各种学习榜样的活动，以此来督促员工自主学习，创造绩效贡献。具体来说，向榜样学习的活动有以下三种。

第一，榜样员工和大家分享自己的工作经验。定时或者不定时地让榜样员工为全体员工介绍自己的经验。演讲的人不需要太多，三个到五个为宜。演讲的题目可以从具体的事情入手，不要谈大而空的话题，让每个榜样员工都讲他在学习过程中的经验以及取得的成果。这样一方面是对榜样员工学习成果的认可，可以对他们起到激励的作用；另一方面，榜样员工对于学习的态度和做法对其他的员工也是一种激励。

第二，请榜样员工做培训。在新员工培训时，除了让培训专员对公司的历史、现状、未来发展做介绍外，还可以请优秀员工就某一个方面、某一个项目向新员工介绍经验，这样也能达到激励的效果。

第三，恰当地对榜样员工进行宣传。学习讨论榜样事迹，是将宣传活动进一步深化的表现。通过讨论和互相学习，以平等的身份交流心得，企业内部和部门之间会形成良好的学习氛围，从而起到良好的激励效果。

为了真正起到榜样激励的作用，宣传榜样的事迹一定要真实，这样才能让人信服。这就需要管理者平时多了解员工，否则，写出来的宣传材料就可能有虚假的成分。不要一味地吹捧、夸耀一个榜样，一定要真实。

宣传时，可以选择多个渠道、多种方式结合的方式，那样会更加有效。例如，宣传材料可以张贴在大厅、走廊、公司网站上，刊登在内部刊物上，在厂区广播或者制作成光碟，还可以写入公司简介、企业年鉴等。

企业的学习对象并非只能局限于公司内部，外部的优秀榜样也是组织的学习对象。在学习对象上，华为人从来都没有将"榜样"局限于公司的尺寸之地，除了对内部的优秀学习者表现出足够的尊重并许以丰富的奖励外，华为同样重视那些能够为华为员工作出良好典范的外部人员。

1997年的"贝尔实验室"之行给任正非留下了深刻的印象。回国后，他很快发表了《我们向美国人民学习什么》的文章，他在文章中说道："我说过贝尔实验室的科学家，他们的忘我学习精神是令人佩服的。他们像科学疯子一样，到处'胡说八道'，忙忙碌碌，走到哪儿就画到哪儿，并不考虑衬衣上不能写公式，不能作实验记录……"

任正非认识到，拼命学习和奋斗是美国科技界普遍的现象，特别是成功者与高层管理者。华为要想持续进步，就需要华为的研发团队乃至全部华为人都能像贝尔实验室的科学家们一样，成为学习的"疯子"。

为此，任正非在一篇文章中曾写道："美国由于私人风险投资基金的推动，使得一批一批的志士，如痴如狂地去追求成功，那种学习不止、奋斗不止的精神，并非我们共产党人才有。我们先不说我们是为了社会的公平，他们是追求个人利益。从纯奋斗精神来讲，美国也有焦裕禄、孔繁森。"

中国有句老话，叫做"嚼得菜根，百事可为"。华为要求每一个员工做到向一切可学习的榜样看齐，不管是"布鞋院士"，还是"山村老人"，不管是学其忍耐、专攻一门，还是锲而不舍。首先要能够俯下身来，虚心去学，能不能学会另当别论，学与不学，则是一个很关键的态度问题。很多时候，一些员工能够获得高绩效，一些员工迟迟无法获得高绩效，就是因为态度上的不同。差之分毫，失之千里，所以然也。

管理者利用好的榜样来吸引带动员工的激励策略，对榜样以及其他员工都具有激励的心理效应。这对榜样本身也是一种压力，让他们继续保持目前的良好行为，继续挑战自己；对其他人来说，由于其本身的从众心理和竞争心理的驱动，后进者想要模仿和超越榜样行为，从而达到整体激励的效果。

5. 有效管理学习成果

组织成员在取得学习成果之后，为了肯定他们的努力和成绩，表彰先进、落实奖励，需要对组织成员的学习成果进行评价与审核，以不断提高组织的学习效果，使学习活动扎扎实实地开展下去。

5.1　制定成果评价标准和规则

为了更好地评价和管理员工的学习成果，组织需要制定相应的成果评价标准和规则。组织成员自主开展学习活动，进行绩效改进，意义重大。因此，组织在制定相关标准和规则时，要尽量多从积极的角度来肯定成员们的学习成绩，以保护和鼓励他们开展学习活动的积极性。

在企业管理中通常有两种思维导向：一种是关注过程；一种是关注结果。在很多企业中都奉行成果导向的管理方式。一般说来，不管一个人工作多努力，没有成果也会使他的个人评定很低，收入和地位也会降低，一句话，个人的贡献只以具体的成果来衡量。这样的管理方式容易让那些有失败经历的人不敢再去挑战新的东西，这对企业的发展来说是最大的灾难。

正是基于这一问题的考虑，日本企业在改善时特别强调过程。它们普遍认为，过程导向的标准可以帮助企业在后工业时代、高科技时代获得更大的优势。

相扑是日本的国技。每次相扑大赛上，除竞赛冠军外，还设有3个奖项：杰出表现奖、技术奖以及斗志奖。如斗志奖，主要颁发给在为期15日的赛程中格外奋力拼搏的选手，纵使胜败结局已定，这些奖项的存在仍然会给人们留下不少期待。重要的是，这3个奖项的颁发都不以结果（选手获胜的回合数）为依据，这很好地证明了日本人过程导向型的思维方式。

然而，这并不是说在相扑比赛中获胜不重要，而是说取胜不是相扑竞赛的一切或唯一，最重要的是相扑选手可能在这一过程中已经获得了技术方面的改善与提升。在这里，过程与结果同等重要。

正是基于这样的认知，佳能公司第一代社长御手洗毅先生如此说道："在工作中发生错误被责怪看似很正常，但是那样做是不对的。认真努力结果依然犯了错误，如果在这种情况下说些责怪的话，谁也不敢向新事物或者棘手的问题发起挑战了。"

因此，在佳能公司，对于失败都是持宽容态度的。若员工独立思考、积极主动地改善但结果失败的话，通常不会引起上级的勃然大怒，也不会被追究责任。员工完全可以基于自己的改善思想与创意，毅然决然地接受挑战，这正是佳能公司的好传统、好文化。

另外，在具体制定成果评价标准和规则时，依据不同的评价对象，应采取不同的评价方式，如表5-1所示，学习成果评价标准如表5-2所示。

表 5 - 1　　　　　　　　　　　　　学习成果评价方式

评价对象	评价方式	评价目的
个人成果	自我评价、直接主管评价	对个人素质提升及绩效贡献程度进行评价
小组成果	部门或主管负责组织评价	促进学习活动的顺利进行，掌握小组的行为改善过程
	自我评价、发表会评审	针对一个课题的成效加以评价，了解其优缺点，并采取措施克服其缺点
部门改进情况	部门负责人或推行委员会指派评审	了解本部门推行做法及绩效，评定对企业的贡献
企业改进情况	单位自我评价或外聘专家协助评审	掌握企业绩效改进情况，定期检查问题点，以便为今后的工作提供参考

表 5 - 2　　　　　　　　　　　　　学习成果评价标准

评价标准	实施内容
全员性	在学习的全过程中，考察每个成员是否都积极参与，既有明确的分工又有紧密的配合，努力为实现学习目标出力献策
真实性	主要表现为员工、主管对学习活动的认可，往往是通过现场检查来确定的，如日常活动、成员的努力程度、工作的实效等
科学性	主要包括活动程序、分析问题和使用技术方法的科学性两方面的内容，如在分析问题、解决问题时思路是否清晰、是否符合逻辑推理等
有效性	考察创造的可计算的直接经济效益、间接效益或社会效益，成员通过学习活动在思想、个人能力、参与意识、绩效改进意识方面的提高以及责任心的增强等
连贯性	考察是否在完成了一项学习活动后能够不断地开展新的学习活动，并能够对绩效作出持续改善

组织成员在参与学习实践后，愿意与大家一起分享成功的经验，同时也想要听取大家的建议和意见，指出他们的不足之处，在后续工作中继续作出改进。因此，成果评价标准和规则的制定不仅仅是肯定组织成员的学习成果，还要对其学习成果内容和改进过程进行评审，认真负责地指出缺点和不

足，同时这些意见对于其他成员来说，也能有所启发和帮助。只有这样，才能不断提高组织学习的效果。

5.2 定期召开成果发表会

定期召开成果发表会可以强化组织成员的学习动力，通过给组织成员提供一个展示自我的平台，体会成就感，锻炼员工总结和发表的能力。更重要的是，为了在发表会上能够精彩地呈现，在成果发表会召开之前，组织成员都会感受到一种无形的和积极向上的压力。因此，组织应该定期召开成果发表会，推动员工开展各项学习活动，为组织绩效的改进作出贡献。

在召开成果发表会之前，组织要做好各项准备工作，包括制订成果评价方案、成立评价小组、确定发表会的形式和日程、准备好投影仪等辅助性工具。

一般来说，由于参与人员以及组织目的的不同，成果发表的形式可能会有所不同，但成果发表会是必不可少的形式，具体操作如表5-3所示。

表 5-3　　　　　　　　　　　　成果发表会的形式

形式	操作方式
评先表彰式	此种形式一般是出于评选表彰优秀小组并向上级推荐的目的，会议现场程序一般为： （1）致开幕词 （2）宣布评选方法 （3）介绍评审组成员及会议程序 （4）发表成果 （5）提问答辩 （6）成果讲评和案例分析 （7）公布评选结果及向上级推荐的优秀成果名单 （8）领导颁奖并讲话 （9）会议总结，提出今后任务、要求等

续前表

形式	操作方式
发表分析式	可由评委按评价标准对上报的成果材料分别审查打分，综合评价其优缺点，并确定几个有倾向性、代表性、有特色的成果作为案例分析发表，由评委逐个评价
专家群众结合式	为提高群众基础和评选的公正性，可采取候选小组发表、评委打分定名次，会议代表投标决定的专家群众结合式，进行结果发表
交流经验式	会前分发成果报告让大家审阅，会上由小组代表结合成果报告介绍活动做法和体会，听众就成果中的问题进行提问，和小组代表一起探讨
文娱发表式	在服务行业，小组可将自己成果的内容编成小品，一人介绍，多人表演，并配合一些轻音乐，在愉快的气氛中进行成果发表

在发表学习成果时，组织成员需要遵循以下两个原则。

第一，将注意力放在成果发表的目的而非形式上。成果发表是为了给大家分享经验和知识，同时也是组织成员展示自我、实现自我价值的机会。因此，成果发表的形式只是辅助性的活动，真正的目的是知识分享与价值呈现。

第二，发表的内容要在事实的基础上进行简化。毕竟成果发表会是群体活动，因此，在发表时，陈述者要尽量选择精华部分为大家讲解。同时在这个过程中，要注意几个要点：谈吐大方得体、语言简练清楚、把握时间要求、多讲解图表等。

6. 将学习成果和职业成长相联系

很多人表示自己的工作很忙，没有多余的时间参与学习活动，这其中绝大部分人都是在习惯性地找借口。为了减少这种现象的发生，组织可以把学习成果的检验纳入员工个人成长和工作业绩的考核评价中，大力倡导员工养成自学的风气和习惯，立足岗位，创造性地做好本职工作，为组织绩效的改进提供重要的保障。

6.1　用积分制调动员工的积极性

积分制管理是通过奖分或者扣分的形式来管理员工的行为，每一次奖分或扣分都要通过信息化数据库进行记录，一个周期内的积分排名可以用于公司的福利发放。这样一来，公司可以通过一些奖惩措施，使员工重视并配合使用积分，从而达到通过积分规范员工行为、提高积极性的目的。它不仅可以用于公司的内部管理，也可以用于对组织学习活动的管理。

实行积分制管理，可以让活动参与人员知道积极参加学习活动可以获得什么样的奖励，否则有什么后果。

具体来说，实行积分制管理有以下三个方面的好处。

第一，提高执行力。对于不能完成学习任务的学习者，学习运营小组可以对其进行扣分处理。通过月度或年度积分排名，学习者可以认识到积分的重要性，从而更加积极地参与学习活动。

第二，建立荣誉感与羞愧感。学习运营小组会周期性地根据积分排名对学习者进行公开性的惩罚或奖励。通过这种方式，让学习者建立起一定的荣誉感和羞愧感。

第三，留住核心人才。积分越多，员工能得到的福利就越多，而且积分是不会清零的，一旦离职，这些优待就会全部消失。因此，员工对待离职会更加谨慎。

积分管理是一种无形的约束机制，它通过特定的准则操纵和控制着组织的管理活动，规范、指导和约束着每个员工的行为。

为了让学员自发地学习、交作业，京东大学开发了一个统一的积分体系，将员工参与的各种培训活动都以积分的形式进行记录。在此基础上，形成了京东认可的岗位认证体系。在这个认证体系中，有许多认证证书。如果想要获得更多的认证证书，你就需要参加更多的学习项目来获得积分。积分主要来源于三个方面：一是基本的学习积分，完成学习任务即可得分；二是贡献积分，你可以把你擅长的东西制作成视频，上传到京东 TV，得到更多人的点赞，也可以得分；三是任务积分，各部门或公司会定期发布任务，如果你有参与，并在其中表现不错，就可以拿到积分。这个认证体系让更多员工积极参与到学习项目中来，并获得了不错的学习成果。

积分管理可以解决长期以来员工培训工作中存在的"压力不够、动力不足"的现实问题，改变学习者的学习态度，使其主动参与学习，并提高学习活动的实效性。因此，学习运营小组可以从两方面入手，对学习过程实行积分制管理。

第一，设立培训积分制度。学习运营小组可以对学习活动进行分级别管理并设置相应的积分。学习者每完整地参加一次学习活动，就可以获得相应的积分。同时，学习运营小组可以建立学习者的学时和积分数据库，不仅学习者可以实时查看自己的学习情况，组织也可以实时对其进行监管。在积分的设置上，可以根据学习时长、是否脱产等方面来进行核算。

第二，设立积分标准线，并对照标准制定奖惩制度。每个人的积分可以按年度进行一次统计汇总，对于那些积分超过标准线的，可以择优进行一定的物质奖励。另外，积分汇总情况也可以和员工下年度的升职加薪联系起来。对于没有达到积分标准线的员工，不仅没有奖励，而且升职加薪也会受到影响。

6.2　融合价值创造与职业通道管理

员工是否卓越，取决于他是否有贡献意识，能否为企业或组织提供成果并作出贡献。如果员工不能在工作上取得成就，那么他在任何方面都不能取得成就。德鲁克曾明确指出，每一位员工每天要花费 8 小时左右的时间在工作上。在这个商业社会中，绝大多数人正是通过自己的工作才能取得成就、获得满足，并与其他人交往。

另外，应该按照贡献和绩效的客观标准来衡量成就的高低。如果说勤劳肯干是工作的通行证，那么作出贡献就是工作的资格证。德鲁克在揭示企业本质时曾说："没有利润，就没有企业。"企业不是慈善机构，也不是培训组织，没有利润，就无法存活下去，更妄谈发展了。因此，它需要员工创造价值、提供成果。换言之，企业员工需要用贡献和绩效来证明自身的价值。

德鲁克表示："我们所能评估的，只有绩效；我们所应该评估的，也只有绩效。只有经得起绩效考验的人，才是可以晋升的人，这应该是一条用人的铁律。"对于绩效考验方法的设定，他从唐姆劳斯基（简称唐）的绩效管理法中得到了很大的启发。

当时，唐每年都要定期举办两次聚会，时间从周六下午一直持续到周日晚上。通过聚会，唐希望自己领导的团队能够利用这个机会检讨过去半年的工作绩效：哪些方面表现得不错？哪些方面曾投入精力去尝试改进？哪些方面还未能投入足够的精力？

接下来，唐会针对团队成员表现最差的部分，进行"严厉批评"。之后，唐还会一一点名，要求每个人明确说出未来半年的工作重点，自己准备朝哪些方向改进以及准备学会哪些新事物。

后来，德鲁克创造性地运用了这套方法，并将其转化成个人绩效管理的经典工具。

学习作为一个关键步骤，上接企业战略方向，同时也要与员工职业通道相融合。每个人都有着发展的潜能和需要，都希望获得职业上的发展。如果组织能将企业价值创造与员工职业通道相融合，那将进一步调动员工的自主性与积极性，发挥员工投身于企业的热情。

任正非曾明确指出，华为大学就是个赚钱的大学，华为要借此改变以往企业苦口婆心地培育人才的方式，从培养制走向选拔制。在华为，学习是员工个人的事情，企业不为此负责，企业只负责选拔出最优秀的人才为企业服务。为了更好地实行选拔制度，华为还专门设计了职业通道，为各级人才提供成长的空间，但能否沿着职业通道自我成长，取决于个人，华为不专门培养干部，只依据职业通道的要求选拔干部。

华为的职业通道设计为人才成长五级模型，见图 5-1。第一阶段是学习阶段，即通过按指令工作而贡献组织。这一阶段初做者要学习本职工作所需的知识和技能，并且积极学习相关的专业经验和知识，通过学习掌握基本的技能和能力，能够在他人的指导下开展工作。

第二阶段是应用阶段，即通过自己独立工作为组织作出贡献。这一阶段员工成长为有经验者，需要学习独立完成工作所需的知识和技能，并开始学习相关领域的知识。

第三阶段是扩展阶段，即通过自己的技术专长为组织作出贡献。这一阶段的骨干员工需具备某一领域的技术专长，且能够为他人提供一些专业支持，同时要跟踪本行业的发展动态，迅速掌握相关知识。

第四阶段是指导阶段，即通过指导他人而为组织作出贡献。这一阶段的专家干部需对某个领域有深刻而广泛的理解，具有创新思想和方法，能够作为导师为更多员工提供有效的指导，并且为他人提供业务增长的机会。

第五阶段是领导创新阶段，即通过战略远见为组织作出贡献。这一阶段的权威专家要具备系统全面的技能和知识，可以根据专业判断制定出有效战略，推动专家干部的发展，并且专业实力和专业水准被业内同行认可。

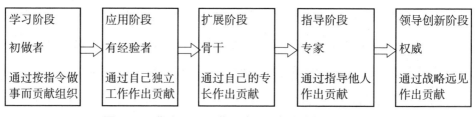

图 5-1　华为职业通道设计——人才成长五级模型

华为为员工做好了职业规划，为员工铺就了晋升的道路，指明了努力的方向。但华为不会一个一个去培养人才，而是最后通过员工工作做得好不好来确定他的去留。华为明确指出在人才管理和人才选拔上，要跳脱出过去的"公司有责任培养人才"的固有思维，不搞培养制，在全公司和全世界范围内选拔优秀者，淘汰落后者，用选拔制选拔出更优秀的人才。

正如华为那样，将企业价值创造和员工个人成长融合在一起，不仅能够为企业及时输送大量人才，同时也让员工获得了提升，挖掘了员工的潜能。

第6章
从个体经验到组织资产

任正非强调:"企业最大的浪费就是经验的浪费。"组织内部有许多经验丰富的员工,我们可以将这些宝贵的经验萃取出来,沉淀为组织资产,并将这些经验推广和复制给更多的员工,从而大大提升组织的绩效水平。

1. 从 1 到 100 的学习复制

个人的经验是一笔宝贵的财富。很多人可能都经历过相同的情况，却因为看不见过去的失败教训或未掌握更好的方法，浪费了大量的人力、物力和财力。组织通过将个体和集体智慧可视化，进而推广和复制，可以使员工更好地学习、吸收这些智慧的精华；同时，也可从中找出更好的处理方法，实现更好的管理。

1.1　基于业务场景，聚焦学习主题

个体的经验必须与业务场景相结合，否则只是个人的经历，不能为组织创造价值。因此，为了实现从 1 到 100 的学习复制，首先要对组织的业务流程进行梳理，找到业务痛点，基于业务场景来萃取经验，才能在组织内传播和推广。

企业的输入和输出是通过一系列生产经营活动来完成的，这些活动可分为基本活动（包括生产作业、市场和销售、后勤服务等）和辅助活动（包括物料采购、技术开发、人力资源管理和企业基础设施等）两类。这两类内容不同但相互关联的活动，最终构成以业务为导向的完整流程。

首先，需要仔细梳理公司业务流程中存在的问题。其次，将这些信息加以梳理，形成有次序、逻辑密切的一套业务流程。以业务为导向梳理流程，可以获得符合大部分企业情况的业务流程图，如图6-1所示。

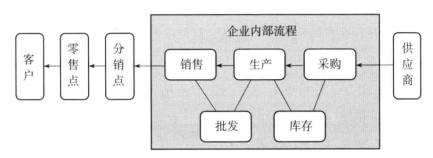

图6-1 公司整体业务流程图

通过拆解业务流程，明确了企业流程管理的基本运行架构，接下来就可以针对各个环节、各个岗位去分析关键赋能点。在梳理员工所在岗位的关键任务时，需要完成以下几个步骤，如6-2所示。

图6-2 业务场景与岗位任务梳理

（1）厘清岗位各项任务

主要是对所在岗位的工作任务进行分类，例如明确属于日常工作的任务、属于重点工作的任务、技能简单易懂的任务、比较考验能力的工作任务、资源协调比较少的任务、资源协调比较多的工作任务、容易出错的工作任务、经常加班催赶的工作任务等。

（2）盘点重要工作场景

这一步骤包含两个关键动作：一是明确所在岗位的工作任务中，对整个公司的业绩改善最有帮助的三件事情，同时要明确完成好这些事情，需要向什么人协调哪些资源；二是明确所在岗位的工作任务中，经常受到其他部门、领导、客户追问的三件事情，同时明确他们追问这些事情背后的原因。

（3）指向特定工作事项

明确员工在过往的工作中，做过哪些比较让自己自豪或者遗憾的事情，并了解他们自豪或者遗憾的原因。

完成上述步骤后，可以分析和找到组织学习的关键要素。提炼出关键要素之后，就可以找到其中的赋能点和学习主题，即通过学习能提升员工在此方面的能力点。

1.2 成立课题学习小组，认领任务

通过梳理业务场景，我们可以找到许多学习主题，这些学习主题可能对应不同的业务部门，有些学习主题可能只涉及单个业务部门，有些则涉及几个不同的业务部门。因此，组织需要成立多个课题学习小组，例如企业文化课题学习小组、人力资源课题学习小组等，每个小组认领不同的学习主题，以小组合作学习的方式，开展多样化的学习活动。课题学习小组立项表如表6-1所示。

在职场中，一个人只有挑选对自己而言比较感兴趣的工作，才更容易在这行业学习到精髓，最终获得职业的提高，直到最后的成功。例如心理学中的"10分钟原理"，虽然讲的是有关销售方面的技巧，但从侧面证明了兴趣

的引导作用是十分强大的。

表 6-1　　　　　　　　　　课题学习小组立项表（示例）

课题学习小组名称					
课题名称			立项时间		
课题类型					
课题学习小组成员	分工	姓名	年龄	性别	职务
	组长				
	成员				
学习活动计划					
主管部门意见					
				年　　月　　日	

不要在推销的时候占用顾客过多的时间，只要 10 分钟就好，太长会让别人厌烦。并且还要反复强调，即使向别人介绍了 10 分钟的产品资料，顾客却仍旧有自由按照自己的思想作出决定。

在这个方法中，10 分钟是推销员为自己争取来的时间，那么如何在 10 分钟之内推销出去自己的产品就成为一个推销员是否优秀的代表。事实证明，那些在 10 分钟之内紧紧抓住顾客兴趣的人更容易推销成功。

顾客对产品感兴趣，往往就愿意掏腰包购买产品。同样的道理，一个人在学习时，也只会对感兴趣的内容，才更愿意付出真心去努力。因此，组织应该给予成员自主选择学习主题的权利，这样才能更容易让大家自主学习，真正提升个人和组织的学习力和竞争力。

成立课题学习小组的目的是在有限的时间内，让每一个人都主动参与学习，让小组成员在自主学习中养成良好的学习习惯，形成有效的学习策略。小组合作学习能充分调动人们的学习积极性，在团队学习中，每个人都有主动学习和创新的机会，让他们由原来的被动听讲变成了主动学习者。这样一来，不仅学习得到了促进，同时也锻炼了组织成员的合作精神，让大家学会如何与他人合作，具备了合作完成任务的能力。

1.3 完成学习任务，共享经验

每个课题学习小组在认领学习任务以后，都要努力去完成课题学习，取得一定的学习成果，以供大家学习和借鉴。但是在课题学习的过程中，人都是有惰性的，为了使大家更好地完成学习任务，组织可从以下两个方面着手提高成员们的学习效能。

（1）为学习活动设定恰当的最后期限

心理学上著名的最后通牒效应揭示了人对时间运用容易陷入的一种误区，即对于一件事情，如果时间充足，往往就会放慢脚步，直到最后期限来临的时候才会完成。这也是导致效率低下的原因之一。既然事情在最后期限来临之前总是无法完成的，那么倘若我们能够为每项学习活动设定恰当的最后期限，那么事情就会被高效地完成了。

（2）定期追踪学习进度

有些学习活动虽然设定了最后期限，已经保证学习小组最终能够高效完成计划。但是落实到实际中，有时候由于拖拉等心理无法保证其能够真正地运作起来，等到最后的时候才发现，原来时间依旧还是被浪费了。为了避免这种情况出现，我们可以将学习活动的计划期限时间分为几个可见的最后期限，当所有部分的学习活动都在最后期限完成的时候，整体工作也就被高效率地完成了。

就课题学习来说，学习过程比结题报告更重要。在课题学习的过程中，提升发现问题、解决问题的能力，才是组织成立课题学习小组、开展学习活动最重要的目的。因此，企业要定期组织学习成果交流会，让每个课题学习小组将各个阶段所研究的内容制作成 PPT 向大家汇报，以供共同交流和学习。同时，还可以组建微信群和 QQ 群，将一些学习内容及时发布出来，让没有参与交流会的人也可以看到，大家也可以在群内互相交流汇报学习的感受，学习别人的优点，接受别人的中肯建议，共享学习经验，实现共同进步。

有些人在取得一些成果之后容易产生骄傲心理，总认为自己是学得最好的。组织要避免员工产生这种荒诞的心理，在每一场成果交流会后，可以选出表现最好的课题学习小组，拿出他们的案例来给所有员工分享，让其他员工了解自己的不足到底在哪里，让优秀的学习小组成为其他人学习道路上的榜样。原本每个课题学习小组可能只专注于本组内的课题研究，但是，通过这些经验交流和分享，他们也能学到自己专业领域外的知识和经验，能够更加提升自己的能力。

2. 收集经验，规范化表达

为了实现从个人经验到组织资产的转化，除了要在事件中找到可以复制和传播的经验以外，还需对其进行规范化的处理，使其更加贴合组织的需求，进而可以让更多的员工学习到这些经验。

2.1 针对价值点，广泛收集素材

组织内的这些课题学习小组在不同专业方面进行了深入研究，具有丰富的理论和实践经验。但是对于很多具有丰富工作经验的人来说，经验可能就是一种感觉，是一种感性认识。因此，企业需要将这些人身上的隐性经验萃取出来，通过解构和重构，形成具有标准化模式的动作或行动方式，以实现经验的复制、推广和传承。

那么，如何判断哪些经验是组织需要传承下去的呢？通常来说，有价值的经验应该具备四个方面的要素：来源于典型、普适的业务痛点；有难以抉择的冲突场景；经验拥有者作出了某些强制决策；对组织其他工作者来说，有明确的学习意义。

通过对经验进行价值判断后，就可以针对价值点，广泛收集素材。在选取切入点时，一方面，可以基于公司的人才培养规划，针对具体的主题选择合适的素材进行加工与开发；另一方面，对于一些具有重大价值的事件，可以进一步挖掘，以便在公司内部传播与推广。接下来就是确定经验拥有者及其与原型事件相关的组织或人员，明确经验开发任务，以岗位角色为抓手，确定调研对象，开展具体的素材收集工作。

素材收集是对经验发生的具体情境、重要人物、关键事件等核心要素相关资料的有效获取。为了保证内容的真实可信，在素材收集阶段，需要遵循"全面性""真实性"原则，不随意删减或添加内容，避免让事实去迎合预先设定的结论。素材收集可以分两个步骤进行。

第一，发放素材收集表，让经验拥有者自己填写一些信息，如表 6 - 2 所示。

表6-2 素材收集表

作者	姓名（单位、部门）
模块	具体内容
背景 （详细）	提供事件更宏观的视野，说明要叙述的事件为什么发生
问题 （提炼）	在事件中面临的挑战或困惑
经历 （细节）	详略得当地叙述该事件发展的来龙去脉
结果	概述事件最终处理的结果

第二，访谈调研。这是素材收集中最关键的步骤，在访谈调研过程中，访谈者需要以访谈提纲为基础，尽可能多地收集一些细节资料，深入挖掘情境信息，并对信息准备阶段所收集的资料进行确认和验证。

（1）访谈提纲

访谈提纲是一份用于指导访谈过程的框架性文件，主要包括调研主题、访谈对象（部门、人员）、主要问题、时间安排等内容，如表6-3所示。访谈提纲的设计应遵循全面性、贴近性和逻辑性原则，如表6-4所示。

表6-3 案例调研提纲表

调研需求	1. 2.	
调研时间		
具体调研内容		
调研主题	具体问题	调研对象
主题一	1. 2.	对象一
主题二	1. 2.	对象二

表 6－4　　　　　　　　　设计调研访谈提纲需遵循的原则

原则	具体内容
全面性	为了避免信息收集者在调研访谈时忽略一些细节或者重要信息，需要从不同角度、不同侧面来拟定提纲
贴近性	为了保证调研访谈的高效率和高质量，需要最大限度地贴近调研活动的目的和主题来设计访谈提纲内容
逻辑性	提纲中的问题设置等应遵循一定的逻辑顺序，使信息收集者能够依据提纲有效引导访谈，获取有效的信息

（2）开展访谈

尽管事先设计了调研访谈的提纲，但是为了营造良好的对话氛围、高效获取信息，在访谈的过程中，访谈者也不要完全按照提纲进行机械式的提问，要根据现场情况作出灵活的调整。在访谈时，可能需要利用一些引导性的提问（如表 6－5 所示），启发被访谈者，使其详细描述出事件的全过程及细节问题。

表 6－5　　　　　　　　　调研访谈过程中的引导问题

问题类型	引导话语
事实问题	以"谁""何时""什么""何地"等提问开头，使经验拥有者对事实作出客观的回答
感受问题	用"你认为……""你感觉……"等提问，深入了解经验拥有者的想法、价值观等
细节问题	用"具体是……""还有呢……"等提问，深入了解案例事件的具体细节
换位问题	用"假如你是×××，你会怎么看"等第三方视角问题，以间接的方式来挖掘案例的敏感信息
假设问题	用"如果……，你会……""不考虑……，你将……"等，探究经验拥有者当时的真正意图

同时，我们在访谈过程中，要注意倾听，不要随意打断被访谈者的陈述。如果被访谈者答非所问，可以待其陈述完后，再从另一角度对其进行提问，直至得到想要的信息。除了倾听以外，还要对访谈的过程进行笔录、录音或录像，方便后续对素材的整理与分析。

2.2　素材整理与分析，提炼经验

当收集完素材以后，我们需要对其进行整理和分析，一方面，素材收集者对于素材内容的有效记忆时间有限，对信息进行归纳整理，可以使材料更具条理性和逻辑性；另一方面，分析、筛选和归类素材资料，可以更加聚焦于学习主题，有助于后续阶段对经验进行结构化的呈现。

（1）资料文字化

为了对经验素材资料进行有效的分析、筛选和归类，在访谈结束后，应及时对访谈录音进行文字转化。在这个过程中，首要原则就是忠于事实，只需要还原访谈过程，不要随意添加或删减内容，被访者的语气词等与案例信息无关的内容可适当进行删减。录音资料文字化后，为了方便后续的知识管理和随时查找，要对其进行整理归档。

（2）素材归类

在访谈过程中，我们获得的资料可能是相对零散的。为了方便使用，需要对相对零散的调研资料进行合理归类，包括决策资料和背景资料。决策资料是指形成案例故事主体，能够为案例分析及决策提供信息支撑的资料，如里程碑事件、企业战略、组织文化、经营数据、人物简历等。背景资料是诠释案例背景，能够为案例分析提供背景信息的资料，可能对案例故事的发展产生重要的间接影响，如企业发展历程、行业特征等。

（3）提炼经验

通过对这些素材的整理与分析，识别出经验拥有者的有效做法，并且提炼出通用的经验。一般来说，经验通常可以分为三个层次：第一，直接做法。经验拥有者的有效直接做法，本身就是可以复制的经验。第二，通用规律。就是将有限的直接做法提炼到一个通用规律的层面，适用于更多的行为模式。第三，思维方法。思维层面的通用规律相比行为层面的相对更难领悟，但在有的事件中，它比行为层面的规律更重要。

2.3 将经验进行结构化的呈现

为了方便他人理解、传播经验，需要将经验进行结构化的呈现。最常见的方式有四种，如图 6-3 所示。

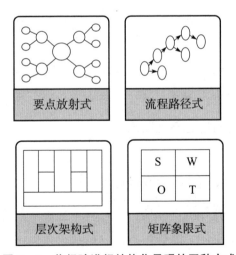

图 6-3 将经验进行结构化呈现的四种方式

（1）要点放射式

强调要素的并列关系，例如"三个代表""目标管理 SMART 原则"等。

SMART 原则五个字母分别表示：

Specific，目标具体化。要体现出唯一性，即来源唯一、表述唯一，避免模棱两可的情况。

Measurable，目标可以衡量。可衡量目标能给我们的行为更多的指导。

Attainable，目标是可以实现的。一是目标应该在自己的能力；二是目标应该有一定的难度和挑战性，经过自己不懈努力可以达成。

Relevant，目标要具有关联性。工作目标要和岗位职责相关联，与工作完全不相关，或者相关度很低，那么即使这个目标被达成，其价值也不大。

Time-bound，目标有明确的时限。根据工作任务的权重、轻重缓急、总目标进度，确定目标完成期限。

（2）流程路径式

强调要素的顺序关系，例如"PDCA""ADDIE"等。

"ADDIE"五个字母分别表示：

Analysis——分析。对所要达到的行为目标、任务、受众、环境、绩效目标等进行一系列的分析。

Design——设计。对将要进行的教学活动进行设计。

Development——开发。针对已经设计好的框架、评估手段等，进行相应的内容撰写、页面设计、测试等。

Implement——实施。对已经开发的课程进行教学实施，同时予以实施支持。

Evaluation——评估。对已经完成的教学课程及受众学习效果进行评估。

（3）层次架构式

强调要素的复杂性关系，例如"商业模式画布"等。

商业模式画布是体现设计思维的创业管理工具。具体来讲，包括如下八个模块：第一，客户细分。谁是你的客户和用户？你的客户和用户希望获得的是什么？第二，价值主张。你的产品／服务为客户创造了怎样的价值？第三，渠道通路。通过何种渠道通路可以将你创造的价值传递给你的客户？第四，收入来源。你的盈利模式、定价策略是什么？第五，核心资源。需要哪些核心资源来撬动你的商业模式？第六，关键业务。为了运作商业模式，有哪些关键的生产经营活动是你必须进行的？第七，重要伙伴。有哪些个人或机构需要成为你的重要商业伙伴，从而为你的创业提供支持？第八，成本结构。为了实现价值的创造、传递和获取，你需要哪些成本支出？

（4）矩阵象限式

强调要素的细分，例如"SWOT""DISC"等。

SWOT 是一种战略分析方法，通过对被分析对象的优势、劣势、机会和威胁等加以综合评估与分析得出结论。通过内部资源、外部环境有机结合来清晰地确定被分析对象的优势和缺陷，了解对象所面临的机会和挑战，从战略与战术两个层面加以调整，以保障被分析对象的施行，从而达到所要实现的目标。SWOT 分别代表：strengths（优势）、weaknesses（劣势）、opportunities（机遇）、threats（威胁）。

通过上述方式，就可以对经验进行结构化的呈现。经验只有经过结构化的呈现，受众才能清晰地看见解决问题的具体框架和思路。

3. 储存经验，建立案例库

企业在建立学习型组织的过程中，建立自己的图书馆——"内部案例库"是非常必要的。建设合理科学的案例库，一方面实现了资源的整合，将收集到的经验进行统一管理，便于查找和学习；另一方面提供了员工自主学习的平台，通过阅读案例的形式，学习他人的成功或失败经验，指导自己的工作。

3.1 搭建案例库基本架构

建立企业自己的案例库并不是一件简单的事，而是一项复杂的系统工程，因此，它需要依靠团队的力量来完成。在搭建案例库基本架构之前，企业需要组建一支案例库建设团队，包括内部案例编写人员、外部专家以及案例库维护人员。只有凝聚这三类人的共同力量，分工明确，才能确保企业内部案例库建设的高质量。

在搭建案例库基本架构时，主要包括以下三个步骤。

第一，按公司的业务线搭建分案例库。例如，根据某公司的业务类型，将其案例库分为个人基金、投行、运营、风控、综合管理等分案例库。

第二，根据案例内容，搭建子案例库。例如设立领导力、销售管理、通用能力与素质、重大事件等子案例库。

第三，针对每个子案例库中的案例，按照一定的逻辑顺序进行分类管理。例如按照事件复杂程度将案例分为操作型案例、业务型案例、战略型案例。

在上述步骤的基础上，再对各案例的使用人群、适用场景以及篇幅安排等进行明确的规定，如表6-6所示。

表6-6 　　　　　　　　　　　　案例库架构说明

总案例库名称	分案例库名称	子案例库名称	核心内容及功能	主要用户	事件复杂程度	主要应用场景	案例篇幅建议

完成上述几个步骤后，企业案例库的基本架构就已经搭建完成了。接下来，就要挑选合适的案例纳入案例库。

3.2　制定入库案例的评价标准

在案例入库之前，需要对案例质量进行把控，确保案例的实用性。一般来说，入库案例需要满足以下几个条件。

第一，真实性。案例必须是真实的，符合现实情境。凭借案例撰写人员的主观判断构造出来的案例不仅达不到学习效果，反而会对他人的工作产生错误的指引，甚至导致不良影响。尤其是当使用者发现案例内容有虚假时，可能会对案例教学产生强烈的抵触心理，进而影响经验在整个组织内的推广和传播。因此，在评价入库案例时，一定要把控其真实性，确保案例是有据可依的，增强案例对使用者的说服性。

第二，针对性。为了更好地指导和帮助其他员工今后的工作，入库案例的内容一定要围绕组织发展战略、重点业务和关键难点或者风险点等方面来进行撰写。只有这样，案例使用者才能在阅读学习后，将经验运用到实际工作当中去。

第三，系统性。主要是指案例内容的系统性和案例分析的系统性，从案例发生的背景、过程，到解决方案、最终成果，都要进行详细的阐述，确保前后的一致性。

第四，完整性。入库案例是对组织内部所有人开放的，使用者可能来自不同的部门，对不同业务流程的认识都不一样。因此，要求入库案例所有的基本信息都不能缺失，这有助于使用者更好地理解和使用案例。

在这些维度的基础上，可以制定相关的入库案例评价标准表，如表 6-7 所示。

表 6-7　　　　　　　　　　入库案例评价标准表

评分项目	评分维度	评分维度描述	评分标准	得分
基本要素	真实性 满分___分			
	针对性 满分___分			
案例质量	系统性 满分___分			
	完整性 满分___分			
总得分	评分须知：满分___分，入库案例总得分不可低于___分			

案例须达到上述评价标准，按照组织的审批流程通过后方可入库。经过审批的案例由维护人员进行统一整理，根据内容涉及的工作范畴予以分类，并且按照时间、类别等信息对案例进行编码。

另外，随着企业的不断发展，组织内外部环境也在不断发生变化，已经入库的案例可能有些不适用当前的情况。因此，组织需要定期更新案例库中的案例，一些陈旧案例需要进行相关处理，确保案例的时效性。

在对案例库定期进行重检、更新时，可从两个方面着手：一是参考案例入库流程添加新案例；二是组织各业务部门定期更新案例。如表 6 - 8 所示。

表 6 - 8　　　　　　　　　　　案例重检、更新安排表

序号	子案例库名称	检查周期	工作周期	更新方式	
				修改标准	出库标准
1					
2					
3					
4					

3.3　案例教学与学习，总结管控经验

任正非经常强调收集案例的重要性，因此，华为很早就建立了案例库，不同部门有各自的案例库，重点搜集那些影响力较大的案例，让这些经验或教训转化为学习的素材。而随着 IT 系统的建成，华为的案例库实现了在全公司范围内的共享。也就是说，无论华为员工在哪个国家哪个地区，既可以查看相关案例库的内容，也可以自己上传案例。

随着人们对管理认识的加深，越来越多的机构和大学都建立了案例中

心，哈佛商学院是世界上最早使用案例教学的机构。尽管案例教学较早地被引入了我国，但案例教学得到重视还是近十年的事情。大连理工大学管理学院成立了"中国管理案例共享中心"，这是我国最早应用案例教学的机构。

案例教学是一种非常有效的方法，它的特点在于开放式和互动式，即所有人都能平等地参与进来，阐述自己的意见。

华为最早启用案例教学的是中研部，中研部采用开放式讲座、研讨会、座谈会等方式进行案例式教学。任正非对中研部的案例教学专门作出过讲话，他说："案例教学不要怕'刺刀见红'，这个案例说这样不行，那个案例说那样不行，案例是从实践中产生的，而实践则是最好的老师。我们自身的经历都是案例教学的好素材，这些案例将来还会被好的大学拿去作教材。"在任正非看来，哈佛大学的 MBA 之所以出名，就是因为它们的案例教学办得很好。在哈佛，所有人都可以对案例进行深入讨论，很难形成定论，但通过讨论案例，相互启发了思维。这就是案例教学的意义。

如今，华为案例教学的任务一般由华为大学来承担。部门内部则会有一些小型的案例分析会，针对本部门的具体职责进行案例教学。为了更好地发挥案例教学的作用，华为大学教育学院还专门成立了案例设计与开发部。华为的"马电事件"让所有华为人为之警醒。事后，华为大学教育学院案例设计与开发部将"马电事件"进行了改编，然后请来导演拍了一部微电影《为者·夜山》，这可以说是华为内部的一大创举。因为一般而言，案例教学多以文字资料或者文图结合的方式呈现。用电影的方式呈现案例，并进行案例教学，这可谓一次积极有益的尝试。

当然，案例教学需要事先精心的准备和设计，也需要所有人都要有积极参与的意识。只有这样，案例教学才能发挥应有的效果。案例教学内容要根据实际业务需要去"裁剪"，要坚持实战实用的案例式教学，让所有人都能理解和参与进来，提升自身的工作能力与素质。

4. 建立知识管理机制和奖励体系

企业建立案例库是为了储存可供他人学习的经验，并将这些个人经验变成组织的知识资产，为组织的发展提供核心竞争力。因此，需要建立相应的制度来管理这些知识资产，同时也要构建相应的奖励体系，鼓励员工自发地将个人经验转化为组织的知识资产。

4.1 制定知识安全管理制度

在积极做好信息共享的同时，也要做好信息安全管理，在团队内树立规则意识，规范信息的使用范围。哪些信息只能在团队内部交流，哪些可以共享给合作伙伴或者公司其他员工，哪些是不允许透露出去的，这些都要有统一的规定。另外，硬件上的管理也要规范，比如使用个人电脑的规范等，再比如访问外网的管理同样也要规范。

华为在创建爱尔兰研发能力中心的过程中，就遇到过外籍员工窃取公司资料的事情。爱尔兰是软件大国，有许多软件专家。有一次华为在当地招聘了一个50来岁的专家，负责人看他经历丰富，面试时感觉也很好，就招了进来。这位员工入职以后工作很努力，经常自愿留在公司加班，平时还会带些东西分给大家，对团队管理也有自己的见解。过了一段时间，负责人发现他经常找其他同事要一堆资料，虽然经常加班，却没有实质性的工作成果。好在华为的信息安全中心发挥了作用，在后台监控到该专家往个人电脑上拷贝大量华为的文档。

相比较之下，华为在国内的信息安全管理的紧迫性更胜于海外。由于中国职业体系建设比较薄弱，整体社会信用体系相对缺失，相关法律法规不够完善，部分职工法律意识淡薄，内部职务犯罪现象在中国企业当中也是屡见不鲜，比如受贿、职务侵占、挪用资金、侵犯商业秘密等。其中比较常见的就是窃取公司的商业机密。

许多知名企业都会要求员工签订保密协议，防止内部的信息机密外流，但在巨大的利益面前，仍然有一些人不惜铤而走险，违反相关的法律法规，窃取企业的机密。

2001 年 7 月，华为研发部的员工王某、刘某、秦某离开华为，投资 50 万元在上海联合创办了上海某技术有限公司，主业为制造光传输设备，并先后从华为挖走研发光网络产品的开发人员 20 余人。

2002 年 10 月，华为以侵犯知识产权为由，在上海市第一中级人民法院提起民事诉讼，向 3 人成立的公司索赔 200 万元人民币。当月中旬，华为竞争对手 UT 斯达康公司宣布以 200 万元人民币和分 3 年授予 UT 斯达康 1 500 万美元期权的价格收购该公司，3 人遂加入 UT 斯达康。

几日之后，华为向黑龙江佳木斯前进公安分局报案，称该公司销售的产品与华为销售的产品相似，要求佳木斯警方立案调查。11 月 21 日深夜 3 点，佳木斯警方赶赴该公司所在地将 3 人拘留。12 月 18 日，佳木斯警方将案件移交至深圳司法机关。该案件由深圳南山区法院受理，经过数次不公开开庭审理后，2004 年 12 月 7 日，深圳南山区法院作出一审判决，3 被告被认定有罪，王某、刘某、秦某分别被判处 3 年、3 年、2 年有期徒刑。

尽管这三人离开了华为，不再属于华为员工，但并不代表他们与华为脱离了直接的法律关系，更不代表他们可以肆意窃取华为的商业机密，严重损害华为公司的利益。因此，华为不得不动用司法手段维护自己的利益。华为也借此案件警示和告诫华为的广大干部和员工，绝不能将公司的技术成果或商业机密窃为己有，否则不仅会在公司内部处理，严重者还要承担法律责任。

随着中国法律体系越来越完善，企业和管理者也应该增强法律意识，提醒员工时刻牢记公司相关的知识管理规定，不能随意泄露公司的任何信息，不管是无意还是有意的。必要时企业可以用法律手段维护自身利益，规范知识安全管理。

4.2 用奖励机制督促完成任务

在心理学中，有一个很有趣的原理，叫做普雷马克原理，即当有一件极其喜欢的事情在后面等待着我们时，对于那些不喜欢的任务，我们会有动力去快速完成。普雷马克原理向我们展示了一道二选一的选择题：先吃光蔬菜，然后才可以吃零食，或者，不吃蔬菜，那么，也没有零食可以吃。

这道选择题的答案，通常是我们妥协，先做完不喜欢的事情，再接受喜欢的事情。无形中，奖励使得我们快速地完成不喜欢的任务，这就是普雷马克原理的心理效应。

因此，要提高执行力需要运用奖励机制，对于那些令人厌烦的、不愿意完成的学习任务，一定的奖励往往会令我们产生完成任务的动力。

1959 年，普雷马克做了这样一个实验：

他让孩子们在游戏机和糖果中选择一种，一些孩子喜欢糖果，一些孩子喜欢游戏机，他们自然而然地分成了两队。普雷马克这时候对选择糖果的孩子说，如果他们打游戏的话，会奖励他们更多的糖果；对那些玩游戏的孩子说，如果他们吃糖果，会奖励他们玩更长时间的游戏。

结果发现，即使不是那么喜欢，这些孩子们为了可以得到自己想要的东西，还是会选择自己不喜欢的游戏与糖果。

实验中的孩子们为了可以获得更大的优惠，选择了自己不喜欢的东西。这种现象在生活中也非常常见，无论是大人还是孩子，对于自己喜欢的东西总是没有抵抗力，以其作为动力，往往会令人忘记完成困难任务的不愉快。

因而，将喜欢的东西作为奖励，以此督促成员完成那些非常不喜欢的学习任务，作出积极的行为改变，这是一种不错的选择。

团队任务中，往往会有一些令人烦躁的、讨厌的任务，这时，团队成员往往会表现出消极抵抗的姿态，那么，作为团队的管理者就可以应用普雷马克效应提高团队成员的积极性。

（1）策略一：使用各种形式的奖励机制

普雷马克原理的使用方式就是采用奖励机制。这种奖励机制不仅仅限于金钱、职位上的提升，任何成员喜欢的事物都可以作为奖励的内容，要尽量避免单一方式的金钱福利上的奖励。一方面，薪酬作为"强化物"的代表之一，一定要合理、合人心。另一方面，也要关注情感上的软式激励。我们并不提倡过多使用金钱激励的方式，关注员工内心情感和意愿的精神奖励可以起到填补物质奖励空白的作用。这其中包括问候祝福等人文奖励，肯定员工等精神激励，休假出游等放松激励，或者职业培训等发展式激励。

（2）策略二：培养自制力

可以使用该原理培养成员的自制力，只有完成任务，才可以做其他的事情或者获得奖励，管理者要起到约束与监督的作用。

（3）策略三：奖励内容与形式因人而异、因团队而异

奖励要根据团队的形式和风格、成员的性格和喜好来决定，最好不要一成不变。把"钱"用在刀刃上，物尽其用，才有使用的价值。

（4）策略四：奖励具有及时性

心理学家斯金纳认为，奖励具有及时性，当阶段性任务完成后，要及时总结，进行行为反馈，这时产生的效果最佳。

在工作和生活中，当因某种行为获得表扬时，我们会习惯性地多做这种行为，以期待继续获得表扬；当因某种行为受到批评时，我们会下意识地避免这种行为的再次发生。这正是行为效果对于行为影响作用的体现。

5. 搭建线上学习课堂

在传统的培训方式下，无论是师资资源还是课程资源，能够获取的人都是有限的。而通过网络平台，全国各地乃至世界各地的员工都能随时随地获取学习资源，不受场地和时间的限制。因此，组织要想充分利用好知识资产，破解培训组织难、占用时间长等问题，就必须构建线上学习课堂，改善组织成员的学习方式和效果。

5.1　建立网络化的学习资源库

在互联网高度发达的当下，学习场所已经不再局限于培训教室了。也就是说，信息技术催生了新的学习方式——网络化学习，这种学习方式让学习具有更大的灵活性。要想保障线上学习的效果，就必须建设完善的学习资源库。因此，搭建线上学习课堂非常重要的一环就是建立网络化的学习资源库。

高效的学习工具与技术对于企业培训的作用不言而喻。亚洲开发银行知识管理总监奥利维尔·塞拉特曾说："要打造学习型组织，就必须明智地利用先进的信息技术，才能更快、更好地学习，提升学习的速度和精确度。"

在建设网络化的学习资源库方面，海尔大学的经验值得借鉴。海尔大学从五个方面建设网络化的学习资源库，如表 6-9 所示。

表 6-9　　　　　　　　　　海尔大学学习资源库建设表

维度	内容
平台支持	搭建无障碍、全流程、持续迭代的资源吸引平台，打通资源与用户两端，实现用户和资源的充分交互
课程资源	超过 4 000 门课程
讲师资源	500 多位内部讲师和导师，并搭建内外部培训师生态圈交互机制，建立专业化、体系化的培训师交互平台
在线云学习	打造全天候、全方位的自主在线云学习平台
硬件资源	聚焦用户需求，打造开放、交互、个性化的硬件资源

瑞士信贷集团的首席学习官西格里德·亨里也指出："如果没有电子化学习系统，我们无法在重要的业务领域培训我们的员工，如法律和法规。电

子化学习是能够确保我们的员工得到最新法规信息并应用于工作的唯一方法。公司将专家对当前企业内部和外部业务发展的看法拍成短小视频，收录进'专家视角'平台，通过这一平台，所有员工都能够获得进入我们企业拥有的丰富知识宝库。"

而华为大学很早就着力打造自己的网络化学习资源库，华为的 IT 系统是一个统一的大平台，里面包含了学习资源库，并且还在不断地对其进行探索和优化。借助这个统一的 IT 系统平台，华为的员工、客户、合作伙伴能够全天候自由安排网上学习和培训考试。

为了确保学习资源的有效性，我们可以通过三种方式来开发学习内容。

第一，从外部购买高质量的成熟课程。一般来说，企业的通用技能和职业素养的课程可以从外部采购，很多平台都提供这类课程，不仅内容准确、丰富，而且制作精美、形式多样。

第二，组织业务专家进行内容开发。业务专家有着丰富的经验，他们能更准确地把握业务需求，帮助其他员工快速提升岗位技能。

第三，鼓励员工自己开发内容。每个人都有自己对于业务的理解，可能其中也有很多好的见解。组织可以从中挑选一些质量好的内容补充到学习资源库当中。

这样，通过各种形式共同建立的学习资源库，不仅集合了各方的智慧，发挥其最大的优势，同时资源库建设的过程也是学习的过程，是组织智慧提升的过程。

5.2 打造优质在线学习平台

关于在线学习平台的建设，很多企业之前使用的在线学习平台是学习管理系统（Learning Management System，LMS），LMS 能够提供所有与课程相关的功能，如注册课程、跟踪课程进展、课程评分和接受评分结果。

为了更好地以学习者为中心进行在线教学，目前很多企业的在线学习平台已经被慕课（Massive Open Online Course，MOOC）取代。"慕课"的概念是 2008 年由 Dave Cormier（大卫·柯米尔）与 Bryan Alexander（布莱恩·亚历山大）首次提出的，意思是大规模的开放式在线课程。慕课的概念一经提出，便很快在世界范围内获得了广泛的关注并得到实际应用。

在世界范围内，知名的慕课平台有 Coursera、edX、Udacity，而在国内，有慕课网以及清华大学推出的学堂在线，等等。

据统计，截至 2017 年，教育部已正式推出 490 门"国家精品在线开放课程"。我国慕课上线数量共 5 000 多门，选课人数突破 7 000 万人次，逾 1 100 万人次大学生获得慕课学分，慕课总量居世界第一。

事实上，视频教学并不是新鲜事物，在远程教育实践中早就已经有所应用。但是，传统的视频教学有两个缺点：一是时间长；二是互动性差。在当下这种快节奏的生活中，人们完全不能适应这种教学方式。于是，时间短且内容实用的在线教学视频出现了，并受到了人们的普遍欢迎。在慕课平台中，所有的课程视频兼具这一特点。为了解决互动性差的问题，慕课平台的课程视频中嵌入了一些测试题，这些测试题不仅能够提高在线学习的交互性，同时也是检测学习者在线学习效果的方式之一。

另外，慕课所有的课程视频都有简短的课程简介视频，一方面可以帮助学习者清楚地了解课程内容以及学习目标，另一方面也可以对本门课程进行广泛宣传与营销，吸引更多的人参与到学习中来。

慕课作为大规模开放式学习平台，吸引了数量众多的学习者，因此，如何为这些学习者进行作业批改和学习评估是一大难点。为了解决这个问题，慕课平台创造了一种新的作业评估模式，即同伴互相评估。相同课程的学习者之间相互进行作业的批改，这不仅解决了学习评估的问题，同时能够加强学习者之间的学习和交流，通过思想的碰撞，彼此启迪智慧，产生更多新的想法，有利于双方能力的提升。

管理学博士邱昭良指出，在推行企业慕课的过程中，要遵循 12 字的原则，如图 6-4 所示。[①]

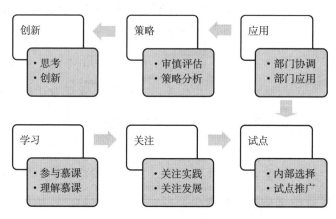

图 6-4　推行企业慕课的 12 字建议

雅虎公司鼓励员工在 Coursera（一个提供免费的网络公开课程的网站）上通过 MOOC 进行自我学习，借此鼓励员工提升工作中所需的各种知识与技能。

英特尔公司运用 MOOC 针对新进员工提出了崭新的学习模式并获得了

---

① 参见焦建利，王萍：《慕课：互联网＋教育时代的学习革命》，210 页，北京，机械工业出版社，2015。

良好成效。通过让员工充分运用自己的时间自由学习，不仅大大降低了培训时间，也有效地提升了员工的能力。

Tenaris 公司与 edX 合作，运用 edX 的软件平台以及课程内容，为员工提供丰富的 MOOC 学习资源，解决了来自不同背景和具有不同工作经历的员工的学习需求。

Datalogix 公司在 Udemy 的基础上打造了自己的 MOOC 平台，公司员工不仅可以学习到 Udemy 上的课程，同时也可以学习企业自编的相关课程。

不管是 LMS 还是慕课，目的都只有一个，为组织提供优质的在线学习平台，让组织成员能够享受到多样化的学习资源和服务。

5.3　用电子化改善学习方式和成果

实际上，电子化的培训方式并非为了取代传统的培训方式，而是为了弥补传统培训方式的不足和缺陷，强化互联网在学习成果迁移方面的作用，改善学习方式和效果。

传统培训方式能够强化受训员工的人际互动，加强人与人之间的交流。而电子化的培训方式则大大提升了个人接受培训的灵活性。作为对传统面对面培训方式的补充，电子化培训能够极大地提高培训效率，改善学习效果。

因此，如今许多大型知名企业也都认识到，传统培训方式与电子化培训方式相互整合，是企业培训的主流方向。一些企业也在积极寻找将两者优点结合的培训方式。通用电气的混合培训方式便是一个成功的案例。

通用电气采取了一种叫做"咖啡冰沙式"的混合培训方式。通用电气拥有11个业务集团，1万多名员工，过去那种传统的课堂培训方式在管理上遇到了极大的挑战，最大的问题就是员工无法协调培训与工作之间的时间冲突。为了提升组织效率，加强内部培训管理，提升培训质量，通用电气经过大量调研，设计了这种全新的混合培训方式。

因此，通用电气对E-learning网站进行大力投入和建设，并将在线培训与传统的课堂培训方式结合起来。也就是说，通用的混合培训，既有面对面的课堂培训，也有在线e课程。

通用会先将理论知识的课程上传至网上，员工可以根据自己实际情况选择学习的课程，然后开始自学。课程学习通过后，员工便可以参与课堂培训。在课堂上，培训主要以互动交流和案例分析的方式展开。

举例来说，在领导力培训项目中，学员需要利用自己所学习课程的知识，去完成一个真实的项目。杨忠伟曾参加了一次亚太区的部门经理培训，培训结束之后，他与日本、韩国、印度等地的学员组成一个团队，研究如何整合通用的家电业务和工业系统业务。团队提出了他们的观点和建议，即合并两项业务，半年之后被通用正式采纳。

作为国内最重视员工培训的企业之一，近年来，华为也在积极探索电子化培训方式与传统培训方式的融合，任正非就曾要求华为大学在培训方式上要向美国学习。他说："美国的网络大学Coursera把哈佛等世界名校的人都吸引进来做教师，开展网上教学，现在在网学习的人数非常多。培训还是要对标美国，真正比较开放的还是美国，你们要看看他们的办学模式是什么样的。"

电子化的学习方式使知识以多样化的形式得到展示，让每个人都能看到重要的信息，帮助组织将知识资产在组织内外部得到快速和有效的传播。

第7章
打造裂变式学习社群

随着互联网的快速发展，一些有着共同目的的人们自愿组合在一起，由此诞生了社群。在社群里，人们更愿意表达自己，找到自身的价值，因此，越来越多的人加入社群。学习型社群是一类典型社群，为了走上知识变现之路，很多人开始建立自己的学习社群，社群中活跃着各类人士。但是学习型社群的运营并没有那么简单，需要我们仔细去思考和研究。

1. 开放和拥抱变化，防止"熵死"

任正非强调："我们必须打破平衡，通过不平衡才能刺激发展，但我们确实也需要一些合理的平衡手段。"正如任正非强调的那样，只有保持开放，积极应对变化，找到动态平衡，才能使组织永远保持活力。

1.1 以开放的心态吸收宇宙能量

任何一个进步的团队和个人，都必须是开放的，不然就会丧失其发展的可能性，也会因此而丧失进步的机会。

变化始终发生在工作之中，不同的是，有些人变得更差了，有些人则变得更加优秀了。这就比如，在创业之初，多数企业的员工都极具工作激情，也都愿意接受新的挑战。但是随着企业的不断发展，员工们反而会变得满足于现状、不思进取。事实证明，这类企业往往会走向衰亡，而这些企业的员工也多会因此而丧失继续发展的机会。

那么，如何摆脱这种厄运呢？众所周知，时间从来不会在我们取得成功之际有所停滞，更不会在我们遭遇失败之时有所休止。如果我们想要在工作中创造高效和成功，就必须保持开放的心态，坚持改变，突破思想上的"平静"和"瓶颈"，做一个思维高度开放并飞快运转的思考者。

在马文·鲍尔掌管麦肯锡的数十年间，他始终以身作则，坚持自己一贯所构想的价值观、文化和使命，并从不忽视任何变化。就像伊丽莎白·哈斯·埃德莎姆所说的，"每一个了解马文的人都知道，他从来不会忽视任何真正的变化，他总能通过开放的思想从变化中学到东西，并且很快掌握它。"

在 20 世纪 50 年代初的一次麦肯锡员工培训中，马文·鲍尔这样解释自己的理念："要想抓住迎面而来的机会，最重要的就是要让麦肯锡的所有成员都保持开放、宽容和灵活的态度。有时候，来自我们内部的变革阻力是相当可气可恼的，因此，我们必须培养出一种勇于尝试新事物和新方法的积极性。"

在马文·鲍尔的号召下，麦肯锡人将保持思想的开放性视作促进自身改变和进步的有力武器，甚至将之称作麦肯锡"运作中的力量"，简称 FAW，即"forces at work"的缩写。

事实上，麦肯锡人在实践中也是这样做的。在项目执行中，麦肯锡咨询顾问所做的第一件事都是思考，认清真正需要解决的问题是什么，并充分开动脑筋，从众多的方案之中选出一个能够满足客户条件的方案并在方案执行过程中，不断探索新的途径和思路，以此做到尽善尽美。

正如任正非所强调的那样，只有时刻保持忧患意识，我们才能持续生存下去。如果安于现状，不求上进，我们迟早会变成对手登上巅峰的垫脚石。而想要由内而外地作出进步和改善，像麦肯锡人一样保持思想的开放性便显得尤为重要。

常言道，观念不变原地转，观念一变天地宽。1665 年，一个伟大的苹果砸到伟大的牛顿之后，万有引力定律被发现了。其实，被歌颂的从不是那个成熟的苹果，而是牛顿脑中一刹那的醒悟。工作也是如此，只有思想开窍，才会结出智慧的果实。

海尔公司将33岁的魏小娥派到日本学习世界上最先进的整体卫浴生产技术。在学习期间，魏小娥发现，在试模期，日本公司的废品率大多在30%～60%之间；而在设备调试正常后，废品率也有2%，无法达到100%。这显然与海尔的标准要求不同。

于是，魏小娥问日本的技术人员："为什么不把合格率提高到100%？"日本负责人回答道："100%？我们当然努力尝试过。可是，你看，卫浴产品的生产现场如此脏乱，怎么清理都没办法改善，我们能做到2%的废品率已经非常不错了。"

这时，魏小娥才意识到，产品合格率达不到100%，并不是因为日本的技术不够，而是因为生产现场脏乱的问题。

三个月后，魏小娥带着先进的技术和100%合格率的信念回到了海尔公司。在海尔，她的目标很明确，一定要生产出合格率为100%的卫浴产品。因此，不管是上班时间还是休息时间，她的脑子里所想的都是如何提高模具的质量问题。

一天晚上下班，魏小娥看到女儿正在用卷笔刀削铅笔，笔屑则有序地落在了一个小盒里。她愣愣地看着卷笔刀，突然想到了一个解决产品毛边的办法——把压出板材后清理下来的毛边直接收入一只"废料盒"中。随后，她立即跑回书桌前，在灯下画起了图纸。第二天，一个专门收集毛边的"废料盒"诞生了。这个废料盒可以轻松地收集毛边，避免毛边落在工作现场或原料上，从而有效地解决了板材的黑点问题。

攻克了这一技术难关，海尔最终实现了连日本公司都难以达到的一尘不染的生产现场以及合格率 100% 的卫浴产品的目标。而魏小娥也终于实现了自己的工作目标。

　　海尔人的成功为业界提供了绝佳的经营模板，人们不禁发出这样的疑问："这种成功可以复制吗？"张瑞敏的回答是否定的："如果你想把这个经验再去复制一次的话，那肯定一点用处都没有，因为我们凭借的是开放进取的思想，就连我们自己都不知道下一个奇思妙想会出现在何处。"

　　美国《未来学家》杂志上曾经刊登过这样一段文字：无论是企业还是员工，创新都是其保持进步的最好途径，而创造力对于创新又是最为必要的。何为创造力？创造力即张瑞敏所说的开放的思想，是麦肯锡人所坚持的能够帮助我们完成工作中质的飞跃的跳跃性思维。

　　因此，为了将工作做得更好，为了让自己变得更加优秀，我们必须善于思考，带着问题思考，带着目的思考，让大脑在工作中时刻处于高速运转的状态，直到达成最终目标。

1.2　与时俱进，积极应对变化

　　波士顿国际咨询公司创始人布鲁斯·亨德森说："世界不可能停滞不前，因此，我们也不能因为一时幸运地站稳脚跟而故步自封。麦肯锡人是我们永恒的对手，我们必须以他们为坐标，时时校准自己前进的目标。"

　　学习的过程，其实就是我们在工作中完成自我改善的过程，而在这一过程中，主动意识是最为重要的。佳能公司号召员工具备"三自"精神——自发、自治、自觉。也就是说，无论我们面对什么工作任务，都要学会自己管理自己的事情，认清自己的立场和职务，从而作出正确的改变。

在哲学观念中，任何事物时刻都处于发展变化之中，即运动是绝对的，而静止只是相对的。因此，在学习过程中，我们需要自发、自觉地思考并加以行动，与时俱进，积极应对变化，努力寻求更多的改变，从而不断超越现在的自己，实现更高的价值。

自 1926 年成立至今的 90 余年里，麦肯锡人从未停止过与时俱进的脚步，就像麦肯锡顾问艾弗里特·史密斯所强调的："咨询顾问要在激烈的竞争中得以求生，如果谁停下进步的脚步而满足于眼前的成绩，那么，谁便将会被时代所淘汰。"

实际上，麦肯锡咨询顾问们不仅要求自身要不断突破，同时也会积极关注外部企业，了解其他行业员工的职业状态，并作出指导和总结，希望通过自己的指点，能够对这些行业的从业者有所帮助。

为此，大前研一便曾对比过日本银行职员与香港银行职员之间的不同。他发现，去日本银行存钱，银行的工作人员给出的结果往往都是单一的"请存个人定期存款"，而香港银行的职员则不同，他们会深入询问这笔钱的性质，并委婉地询问是否还有其他资金需要处理，而且还会将话题转为"有兴趣用这笔钱做风险投资吗？"如果顾客表现出一定兴趣，那么，香港银行的职员便会继续推荐如何用这笔钱衍生出更多的价值。

大前研一这样感叹道："顾客本来只是想去存钱，却不知不觉间与银行达成了更多的资金交流。从这一点上看，香港银行的职员们已经不是单纯的银行职员了，而是站在顾客立场上的金融顾问和资产运用顾问。如果日本的银行职员也能做到如此，日本的金融业又怎么会迟迟不能复兴呢？"

日本社会学家调查显示，在全世界范围内，至少有 8 000 种以上的金融产品，而大多数的日本银行员工则只能说出不超过 5 种。这种现象也恰恰论证了大前研一的担忧，如果这样持续下去，不仅日本金融业要陷入冰川时代，那些不思进取的银行职员们，同样也面临着灭顶之灾。

当然，并非所有日本企业的员工都如此，大多数日本企业的员工都还是追求上进的，以佳能为例，佳能社长酒卷久在谈及他在自我改善方面的做法时曾说过：

"在进入佳能公司几年后，我结束工作回到家后也要揉着惺忪的睡眼开始拼命学习，周末更是如此。后来，我终于得以第一次和一流国立大学毕业的精英对等地讨论问题，使自己取得更多进步。再后来，我不断地得以升职，正是源于我从来没有中止过学习与改善。"

事实上，当我们细数那些国内外知名的标杆式优秀员工，以及那些早已取得成功的著名企业家时，我们便会发现，他们大多具备如同麦肯锡人一样的特质：这类人都将学习和改善视为自己必须做的事情，而从不墨守成规，从不故步自封。正是这种主动剖析自我、战胜自我的意识推动了他们的成功和进步。

职场中，每个人都在无形或有形中与他人比拼着。因此，包括联想集团前董事会主席柳传志、阿里巴巴前董事会主席马云、腾讯前董事会主席马化腾等许多知名企业家在自己的企业内都竭力倡导员工做好自我批评工作，敢于正视自我。任正非也是如此。

为了让华为人认识到自我反省的重要性，任正非在一篇名为《为什么要自我批评》的华为内部文章中专门写道：

"真正的科学家，他的一生就是自我批评的一生，他从不满足于现阶段的水平，他总是不断探索新知。当一个科学家要退休时，你问他，他的成果怎样？他总是会滔滔不绝告诉你如今他面临着怎样的问题，打算如何改进等。他的回答其实就是一种自我批评的最好体现。如果没有自我批评，我们华为的08机早就死亡了。也正是因为我们不断地否定，不断地肯定，又不断地否定，才有了今日的C&C08iNET平台。如果有一天我们华为人停止了自我批评，iNET也就只能退出历史舞台了。"

2014年初，在华为内部会议上，任正非又对所有与会的华为员工说："我希望在座的每一个华为人都能将所谓的面子放一放，揭开面纱看一看自己是不是和世界脱轨了。因为只有这样做，我们才能把一切危机扼杀在摇篮里。如果我们始终只是自欺欺人的自我满足，那么，华为和华为人便都要被世界所淘汰。"

中国自古以来便是礼义大国，而中国人一直以来也都以爱面子著称。所以，在大多数国内企业中，员工严重缺乏自我批判和自我突破的精神。为了克服这种不良习气，除了依赖企业对员工的约束外，更重要的是依靠我们自身的不断反省，唯有这样，才能保证不被时代的竞争所淘汰。

正如现代戏剧之父易卜生所言，不要因幸运而故步自封，也不要因厄运而一蹶不振。真正的强者，总是善于从顺境中找到阴影，从逆境中找到光亮，并时时校准自己前进的目标。

1.3 寻求动态平衡，防止"熵死"

在任正非看来，组织只有以耗散结构来实现运作管理，才能有效避免

"熵死"。他说："公司的运作应该是一种耗散结构，应该让公司在稳定与不稳定、平衡与不平衡间交替进行，这样公司才能保持活力。"

熵原本是热力学第二定律的概念，是指无序的混乱程度。"熵增"是指世界上一切事物发展的自然倾向都是从井然有序走向混乱无序，最终灭亡，即"熵死"。我们生命体是典型的耗散结构，通过开放与外界进行新陈代谢，保持机体活力。耗散结构是诺贝尔奖得主普利高津（Prigogine）在研究热力学第二定律基础上提出的。任正非认为："处于平衡状态下的开放系统，在与外界环境交换物质和能量的过程中，通过能量耗散过程和系统非线性动力学机制，能量到一定程度，熵流可能为负，系统总熵可以小于零，则系统通过熵减就能形成新的有序结构。"可见，在耗散结构中，能避免熵死。

耗散结构强调的是一个开放的系统，在这个系统中，无论是物理的、化学的、生物学的，还是社会的系统，通过与环境的交换，就能保持动态平衡，避免消亡。这是任正非和华为所推崇的理想组织结构。也就是说，为了避免"熵死"，保持组织的活力，组织需要保持有序和无序的动态平衡，在两种状态中不断交换能量。

任正非在 2011 年的公司市场大会上说："我们有能量一定要把它耗散掉，通过耗散，使我们自己获得一个新生。什么是耗散结构？你每天去锻炼身体跑步，就是耗散结构。为什么呢？你身体的能量多了，把它耗散了，就变成肌肉了，就变成了坚强的血液循环了。能量消耗掉了，肥胖病也不会有了，身体也苗条了，这就是最简单的耗散结构。那我们为什么要耗散结构呢？大家说，我们非常忠诚于这个公司，其实就是公司付的钱太多了，不一定能持续。因此，我们把这种对企业的热爱耗散掉，用奋斗者、用流程优化来巩固。奋斗者是先付出后得到，与先得到再忠诚，有一定的区别，这样就进步了一点。我们要通过把我们潜在的能量耗散掉，从而形成新的势能。"

很多企业在发展壮大后，就会固守原有的管理模式。但事实上，组织管理如逆水行舟，一旦没有进步，就会出现后退，难以适应时代的发展和市场的需求。如果个人想要进步，则要保持长期学习的积极心态，秉持自我批判的意识，从当前现状中找出有待改善的空间，并采取有效行动，实现持续进步。

2. 个人要主动加入社群

一个人想要做一件新的事情，养成一个新习惯，看似很小，但却是在向自己的旧有习性和行为模式宣战。要与自己旧的习惯和行为模式对抗，一个人的力量是相当薄弱的。所以，个人可以主动加入社群，借助他人的力量，帮助自己养成良好的学习习惯。

2.1　个人的能力总是有限的

马云说："单凭我自己的能力，我根本不可能创办起阿里巴巴集团。阿里巴巴今天的成功，是由我身后无数志同道合的朋友一同努力才换来的。"歌德常说："我决不把我的作品全归功于自己的智慧，它们还应该归功于向我提供素材的成千成万的事物和人物。"尽管他们的话存在自谦的成分，但我们也不得不承认，一个人如果没有别人的帮助，根本无法独立完成一项伟大的事业。

个人的能力总是有限的，不管是精神还是体力，当我们完全依靠自己的力量去工作时，工作成果往往无法达到最佳。

无独有偶，开创了管理咨询界一个又一个效率神话的麦肯锡人也同样坚信，个人的力量永远无法与团队相抗衡。

在马文·鲍尔看来，善于借力人才是真正的聪明人。如果你是因为嫉贤妒能，或是想要独揽功绩而一味地单兵作战，那么，你就是一个肤浅的、只看眼前利益的人。

退休的百事公司总裁、百胜餐饮集团创始人和董事长安德劳·皮尔逊从哈佛商学院毕业之后，有幸直接进入麦肯锡公司工作。当时，皮尔逊不善言辞，做事几乎全靠自己，很少与同事和前辈交流经验。马文·鲍尔发现这一现象后，曾专门找他谈话说道："安德劳，我不明白，难道你觉得自己的能力胜过所有人吗？"

皮尔逊错愕地摇头道："当然不。"

"那你为什么始终都是单兵作战呢？就拿你正在做的这个制造公司的项目而言，据我所知，为了找到最佳的解决方案，你已经深入调研 7 天之久了，为什么不让玛丽和你一起呢？"马文·鲍尔诚恳地建议道："要知道，她可是这方面的能手，在数据搜集方面，她一个人便可以顶两个，找她帮你，你总会轻松许多的。"

很多年后，安德劳·皮尔逊仍然对这次谈话记忆犹新，他甚至感叹道："我从马文身上学到的东西太多了，在麦肯锡，他努力营造一种吸引、激励和留住人才的氛围，为每一个人的发展提供最大程度的帮助，是他教会了我个人的能力总有极限，当我们的工作需要求助的时候，绝对不能羞于启齿。也正是这一点，帮助我在30岁刚出头的时候就荣幸地当上了麦肯锡全球营销咨询业务部的领导者，并且受益终身。"

正所谓"人力有时而穷"，能够完全凭借个人能力独立完成工作自然是件值得欣慰的事，但更多的时候，我们是无法保证脱离集体，完全独立地去完成一项工作的。这就比如，一个人再孔武有力也不能应付得了一群人的攻击。

那么，如何才能克服个人能力的局限，像麦肯锡人一样，更好地完成工作呢？我们不妨从下面的故事中寻找一些启示。

老猎户有两个儿子，大儿子视觉灵敏，非常擅长猎物追踪，于是，老猎户将自己的追踪绝技传给了他。小儿子追踪能力一般，箭法却精准无比，于是，老猎户将自己的射箭绝技传给了他。

随着年岁的增长，老猎户身体越来越差，再也不能出门打猎了。一天，他将两个儿子叫到床边，嘱咐道："我已经老了，从今天开始，你们两个就自己去打猎吧，希望你们能有一个好的收获。"

黄昏时分，望眼欲穿的老猎户终于等回了两个儿子，可是，两个人手中却都是空空如也，并没有任何收获。原来，两人进入深山后，擅长追踪的大儿子很快便发现了鹿群的踪迹，并且只身一人追了下去，并没有带着擅长射箭的弟弟，所以，最后当他找到鹿群的时候，却因为无法命中目标而一无所获。而他的弟弟则刚好相反，空有一身神箭术，却一整天都没有找到一个可以猎取的目标。

对此，老猎户并有任何失望，反而欣慰地点了点头，说道："这正是我所预料的结果，明天你们两个继续进山打猎，不过，无论打什么都要一起行动，一定会有所收获的。"

果然，第二天兄弟俩团结一致，一个寻找目标，一个一击致命，猎取的猎物甚至比之前追随老猎户打猎时更多。

老猎户的两个儿子，各有其优势，同时又分别存在着各自的劣势，如果一味地坚持独立，那么，往往就是一无所获的结果。而如果两人相互合作，扬长避短，利用彼此的优势，则结局便成了另外一个样子。

广告大师大卫·奥格威的用人理念是："没有选用比自己高明的人，将是用人最大的失误。"他曾在每个董事的椅子上放上一个俄罗斯套娃，让公司董事们依次打开。当董事们打开到最小的那个娃娃时，里面是一张字条，上面写着："如果公司总是聘用远不如己的人，终会成为侏儒公司；反之，则会让公司强大。"

事实上，奥格威的用人理念同样应该成为我们的工作理念。工作中，如果我们因为担心同事比自己强，甚至担心对自己的地位产生威胁，就以压制或者屏蔽的方式将其隔离在自己的工作之外，那就大错特错了。这不仅会让领导产生一种"你不懂合作"的错误印象，更会让有心帮助你的同事对你敬而远之，从而无法保证工作任务的高效完成。

海尔总裁张瑞敏常说："企业是什么？说到底就是人。管理是什么？说到底就是借力。你能把许多人的力量集中起来，这个企业就成功了。"被誉为"中国第一 CEO"的张瑞敏尚且借助每一个海尔人的力量，将海尔发展壮大。对普通员工来说，更要学会突破自身的狭隘，借用他人的力量，高效地完成任务。

2.2 借助盟军的力量实现成长

有时候，人们会在自我控制过程中，给自己找个"战友"。他们和"战友"有着共同或者类似的自我控制目标，执行着类似的自控计划。

在生活中，我们可能都会遇到这样类似的情况：有些人想要早起锻炼身体，但是却苦于没有一起锻炼身体的同伴，结果不了了之。可能有人会有这样的疑问："一个人不行吗？"其实，对于这些人来说，一个人去锻炼身体也不是不行，但是一个人会觉得很无聊，很容易放弃。而有个人一起的话，就可以相互监督，共同进退，那样会坚持得更久。

这种现象其实很常见，比如，很多人在考取某些证件时，都会给自己找些伴儿。不是拉着朋友一起参加，就是加入一个考证的团体。有一个朋友曾经对我说，她的一个朋友为说服她一起参加公务员考试，愿意为她报销整个考试过程中的费用。

为什么人们都愿意在进行自我控制时，寻找目标相同或者相似的"战友"呢？难道"战友"能够提高一个人的自控力水平吗？下面，我们来看一项实验，看心理学家是怎样研究这个问题的。

人是一种群居动物，生活在群体中。所以心理学家在研究人类的心理现象及其发展活动规律时，也会研究人类在群体中的心理现象。这一类型的心理研究形成了专门的学科：群体心理学。心理学家对群体心理的定义是研究结成群体的人们的心理现象、心理活动的社会心理学。

在研究群体心理学的时候，人们发现了很多群体现象，比如从众（指个体受到人群的影响，在自己的知觉、判断、认识以及行为上表现出符合于公众舆论或多数人的行为方式）、群体极化（指在群体中进行决策时，人们往往会比个人决策时更倾向于冒险或保守，向某一个极端偏斜）、社会助长等。这些群体现象证明群体对个人心理存在影响。

那群体是否会影响个体的自我控制行为呢？对此，有人进行了实验研究。

经济学家费利佩·卡斯特（Felipe Kast）和斯蒂芬·迈耶（Stephen Meier）等人曾经进行了一些实验，对群体中的还贷行为进行了研究。

实验一

实验者以一群从一个非营利性组织获得贷款的智利人为实验被试，其中大多数是低收入的女人。实验者先将这群被试随机分成两组。然后给予其中一组被试一个免费的储蓄账户，让他们往里面存钱。而另一组被试，实验者除了给予他们免费的储蓄账户之外，让他们往里面存钱，还安排他们定期集会。在集会上，实验者让被试们相互宣布自己的储蓄目标，相互讨论储蓄的进展。集会每一两周开展一次，其目的是让被试们相互监督彼此的还款情况。

一段时间后，实验者将两组被试存下的钱的数量进行对比。结果，实验者发现，第二组被试（参加集会的那组被试）存下来的钱几乎是第一组被试的两倍。

从这个实验的结果中，实验者看到了团体监督的力量。但是为了进一步验证群体压力对还贷的影响，实验者进一步展开了后续研究。

实验二

这个实验与上述实验的内容基本相同。只不过，实验者没有再让被试们进行集会，讨论储蓄进展和他们的储蓄目标，而是定期给他们发送短信，向他们报告他们以及团体中其他人的储蓄进展。

在一段时间后，实验者检查这些被试的储蓄情况。结果，得到了和上述实验相似的发现。定期接收到短信的被试比没收到短信的被试，存下的钱更多。这证明，这种方法和集会一样，能够促进个体坚持省钱、存钱。

实验者认为，集会和短信都能起到监督的作用。综合两个实验的结果，可以证明是两者都有的监督作用促使被试坚持省钱、存钱。因此，实验者得出结论：群体的监督压力有利于个体坚持储蓄，帮助个体进行还贷。

虽然这个实验是经济学家做的，研究的是群体压力对个体存钱还贷的影响，但是心理学家从这个实验中看到了群体压力对自我控制的影响。

存钱还贷对于低收入的人来说，是一项需要坚持的事情。因为他们的欠款本来就是因为所挣的钱不够，或者不合理消费等因素导致的。所以让他们存钱还贷，需要他们在行为习惯上进行一定的改变。有可能是通过加大工作量来增加收入，也有可能是改变自己的消费习惯，过节省的生活。无论哪一种方式，都需要个体的意志力参与，需要个体的坚持。可见，存钱还贷对于上述被试来说，是一种自我控制行为。因此，心理学家认为，这个实验的结果表明群体的监督有利于个体进行自我控制。

从上述实验结果以及心理学家的分析中，我们可以获得以下启示。

（1）合理借用他人的力量进行自我监控

心理学上，经常利用群体成员相互监督的方法来帮助一些人戒烟、戒酒等。心理学家们往往会介绍戒烟者们相互认识，组成一个小团体。然后，每隔一段时间就把他们聚在一起，让他们讨论自己戒烟的进展、感受以及戒烟方法。这样，可以让戒烟者从同伴那里获得支持，加强他们对自我控制的坚持。

这种方法除了可以利用在戒烟、戒酒等戒断行为上，还可以利用在其他方面的自我控制过程中。比如，我们可以在减肥过程中寻找一些志同道合的人，组成一个群体，每隔一段时间进行交流讨论，了解彼此的进展和体验，甚至，可以一起执行减肥计划。这样，不但能够提高整个减肥过程的乐趣，还能够有效地利用别人的监督力量，监控自己的减肥过程，从而使我们能够坚持执行减肥计划。

（2）加大自我控制过程中的监控力度，及时反馈和调节

在前文中曾经讲述过，自我控制过程需要和有效的自我监控结合到一起。因为只有这样，我们才能针对反馈得到的监控结果进行调节与控制。

上述实验中，当有人监控被试的储蓄进展时，被试们存的钱更多。由此可以得知，监控对于自我控制来说非常重要。

有效的监控和反馈，可以让个体及时得到自我控制过程中的信息，并作出相应的调整。这样，有利于加强个体自我控制的灵活性，使整个自我控制计划更容易成功。因此，在学习过程中，我们可以主动加入一些社群，借助他人监督的力量，实现自己的成长。

3. 企业加入社群和标准组织

企业不是孤立的个体，需要关注其他市场和其他国家的发展，了解全球

的政治经济社会发展趋势，在此基础上，制定出正确的经营战略和决策，确保企业能够长期稳定发展。

3.1 开放合作，多和业界交朋友

任正非指出："创新的源泉来自宇宙。我们要有开放合作的思想，多和业界交朋友、多喝咖啡，多支持科学家的研究，吸取宇宙能量。"

特别是在研究探索领域，企业要以更加开放的思想来与其他组织展开合作，将那些优秀的组织当成公司的客户，与它们的优秀人员多交流、交朋友，从而实现共同进步。

1971 年，王安电脑公司推出了当时被称为"世界上最先进的文字处理机"的 1200 型文字处理机。凭借这一技术，王安电脑公司很快成为全球最大的信息产品商，而王安的个人财富一度超过 20 亿美元。在 1985 年的《福布斯》"美国 400 名最富有人物"名单上，王安高居第 8 名。

然而，好景未能持续多久。王安电脑公司长时间在技术方面采取的是封闭路线，不愿意与别人合作，导致这家原本拥有着极为强大的技术研发能力的企业很快走向衰落。1992 年，王安电脑公司宣布破产保护，公司股票价格也由全盛时期的每股 43 美元跌到每股只有 75 美分。

王安电脑公司给其他企业提了一个醒：在这个技术快速变化的社会，企业要想持续发展，就必须保持开放的心态，多与其他企业交朋友，以实现双赢。

因此，任正非将华为定位成一个"开放型组织"。他表示："华为现在

还是很弱小，还不足以和'国际友商'直接抗衡，所以我们要韬光养晦，宁愿放弃一些市场、一些利益，也要与'友商'合作，成为伙伴，和'友商'共同创造良好的生存空间，共享价值链的利益。如果大家都认为我们是敌人的话，我们的处境是很困难的。"这种开放的理念也赋予华为人一种直面外部世界的精气神，"敢于以一杯咖啡，与世界上的大人物撞击思想。"

由于华为在通信设备热设计方面缺少技术专家，于是，从 2007 年开始，华为将当时从事热设计工作时间较长的三名员工派出去寻找专业人才。

这三名员工通过各种方式去寻找热设计专家，除了在网上搜集资料、找朋友推荐以外，他们还主动参加各种热会议，在会议上向专家们递名片，希望他们可以来华为进行技术交流。尽管华为向很多专家发出了邀请函，但真正来华为的专家却只有寥寥几名。在这种情况下，华为只好改变策略，直接去往专家资源最丰富的地方，在当地找人才，建立团队。

在一次国际会议上，华为 S 国研究所的系统专家刘志新（化名）对某位专家的发言印象深刻，经过沟通，发现这名专家叫 Vadim，是 S 国某著名通信公司的资深散热专家。在交流中，刘志新得知 Vadim 准备去顾问公司工作，于是刘志新抓住机会与 Vadim 多喝咖啡。经过多次沟通后，Vadim 终于答应来华为做顾问。

就这样，华为在 S 国成立了热能力中心。2008 年，某海外客户希望华为设计一款新的换热器，简言之，就是希望在不增加成本的前提下，提升设备的散热能力。对此，Vadim 提出了"塑料换热器"方案。事实上，在 2006 年的时候，华为曾与松下电器公司尝试过这方面的合作，但是没有成功。Vadim 认为，他有信心可以取得成功。

Vadim 依靠他多年的从业经验和资源，带领项目团队成员与松下公司展开了深度对接。尽管之前有过合作，但真正进行深入交流还是第一次。在 Vadim 的牵头下，来自中国、日本和瑞典三个国家的工程师们一起进行技术交流，三个月后，Vadim 所提出的研究方案得以实现。最终，该散热设备也被众多客户采购，增加了不少销售收入。

由此看来，专家的能力决定技术的深度，人脉决定资源的广度，而开放坦诚的合作决定了项目的成功。"地球村"本身就是一个开放式组织，处处有关联，处处有合作。因此，企业在发展过程中，一定要开放合作，既能吸收外界优秀经验和资源，同时也能获得更多实现商业成功的机会。

3.2　参加商业论坛与产业研讨会

在新经济时代，信息技术更新速度快，企业依靠单打独斗已经吃不开了，只有善于与他人合作，加强资源整合能力，才能在激烈的市场竞争中获取胜利。

企业不仅要与友商、合作伙伴、客户相处好，还要与对企业发展有利的各行各业打交道，扩展朋友圈。这是因为企业的发展需要很多企业外的帮助，可以以各种方式的合作扩大企业的品牌影响力。企业在资源有限的某些领域，在抢占市场时，也需要与其他领域的企业合作。广交朋友，可以扩大生态圈子，多一个朋友就多一个机会。

企业除了要与业界多交朋友外，还应该多参加一些商业论坛和产业研讨会。首先这是了解行业前沿政策、技术等的最佳场合。在商业论坛和产业研讨会中，议题一般都是行业最前沿的趋势，而且参与者中还包括一些行业标准的制定者，他们会对当前正推行的政策、技术以及未来的发展趋势进行专业解读。

2018 年，第二届中美互联网营销创新论坛在纽约成功举办。该论坛邀请了国内外互联网等行业的知名人士，这些专家们分享的话题不仅涵盖了最前沿的营销科技和广告科技热点，还延伸到教育、时尚、金融、大数据、产品设计、电商等多个领域，并针对互联网营销创新的重要性进行了深入探讨。不管是嘉宾分享者，还是一般参与者，都能听到前沿的行业趋势和中美专家观点的碰撞。

除了积极参与商业论坛和产业研讨会之外，华为还会举办一些论坛，其中包括 ICT 金融论坛。华为通过举办 ICT 金融论坛，一方面可以帮助企业在金融领域树立良好的品牌形象，另一方面也能在金融机构与客户之间搭建一座桥梁，方便三方沟通，为今后的合作打下基础。

2013 年，华为在迪拜举办了一场聚焦中东、非洲的论坛。在论坛期间，华为组织了 30 多场双边和三边会谈，有些客户和银行在现场就达成了合作意向。论坛的成功举办，也打消了客户的疑虑。

华为金融论坛给客户、银行和华为带来的合作共赢，吸引了越来越多的人参加，合作的面也更加宽广了。比如在纽约举办的 ICT 金融论坛，就吸引了来自全球 80 多家机构的 100 多位客户以及 46 家金融机构的 147 名金融高管参加。在会上，华为邀请了欧洲央行前行长特里谢、美联储前主席伯南克、哈佛大学前校长萨默斯等，论坛汇聚了从银行到评级机构、从 ICT

客户到主流媒体等不同行业的人才。华为与客户在论坛中，与来自金融领域最高层的人士交流，获取了更多"养分"。

华为的 ICT 金融论坛就像是一座连接之桥，用沟通链接着各种商业机会，参与的人都能从中受益。任正非说，多元化的融资结构及资源，是华为持续稳定经营的保障。华为花费这么多心思链接客户与金融机构，既帮助客户解决了经营难题，又实现了自身的发展。

3.3　加入多样化的标准组织

除了参加商业论坛与产业研讨会外，很多企业还会争取加入国内外不同的标准组织。加入多样化的标准组织，不仅仅是为了多交朋友，而且也是成为行业领先者的路径之一。

苹果公司于 2018 年加入了行业标准组织 Thread Group（线程组），Thread Group 是由谷歌旗下的 Nest 牵头创设，三星等企业联合发起的，成立该标准组织旨在保障家用物联网设备协议的安全性和可靠性，促进物联网产业的健康发展。在智能家居这个新兴领域中，苹果公司并不具有特别大的优势，一方面加入苹果智能家居生态的智能硬件数量不多，另一方面智能家居的高价格也让众多消费者望而却步。因此，为了更好地发展智能家居业务，苹果公司选择加入 Thread Group 组织，希望借此提升其在智能家居领域的市场竞争力，逐步推动智能家居战略向前迈进。

华为也一直秉承着开放、合作、共赢的理念，与产业链上下游合作伙伴及友商合作创新、扩大产业价值，形成健康良性的产业生态系统。多年来，华为先后加入了 300 多个标准组织、产业联盟和开源社区，累计提案 4.3 万篇，始终致力于推动行业的良性发展。这样一来，华为不仅为本企业带来了发展和进步，更推动了整个行业的转型和发展。事实上，还有许多企业都在做类似的事情。

在互联网行业，也有不少企业加入了国际化标准组织。2004 年，深圳金蝶中间件有限公司成为中国第一个进行 J2EE 认证的 Java 中间件厂商，同时积极参与 Java 国际标准的制定。金蝶中间件首席架构师袁红岗认为，"成为 JCP 的一员后，我们就成为标准的制定者，可以根据中国市场的客观实际以及本土企业的实际需求提出自己的标准，然后拿到这个组织里去讨论，通过了以后，全世界做的产品都要按照这个标准执行，这是我们要赶超世界软件的一种方式，也是金蝶国际化战略的重要步骤之一。通过参与国际标准的制定，会对中国的软件产业发展产生巨大的推动作用。"

2018 年，阿里巴巴正式成为 Java 全球管理组织 Java Community Process（JCP）的最高执行委员会 JCP-EC 中的一员。JCP 是一个开放性的国际技术标准组织，职责是发展和更新 Java 技术规范。JCP-EC 是该组织的最高决策机构，负责规划 Java 的技术演进方向。阿里巴巴在电商、金融等领域的实践经验是能够入选 JCP 执行委员会的主要原因。此前的"双十一"等活动，阿里巴巴的 Java 架构在海量的用户与数据面前，都表现出了极高的稳定性。阿里巴巴加入 Java 全球标准的制定中，能够把更多中国开发者的声音带入 Java 规范的制定中，使更多"中国标准"成为全球规范。

不管是金蝶公司，还是阿里巴巴公司，能够与众多世界顶级 Java 技术领导者一起，参与国际技术标准的讨论、修改和制定，不仅能为企业的发展提供专业的建议以及实战经验，也将为中国互联网公司更大程度地参与国际竞争打开一个全新的局面。

4. 不断追求进步，仰望星空

只要生命没有停止，就要继续学习。学习应该是人终其一生的一件事情。因为学习不是为了别人或者外在目的，而是为了自己及其内在修为的提升。只有勤勉和持之以恒的努力，才能取得大学问和大成就。

4.1　长期保持对学习的饥渴，持续改进

人生如同攀岩，只是攀登的尽头是山顶，而追求卓越的路途却是无边际的。所以说，在成长过程中，无论是生活也好，工作也罢，我们都必须时刻提醒自己，永远都不要满足于现状，眼前的成功终究会成为明天的过去式。

罗曼·罗兰曾感叹，世人总是精益求精！而精益求精在工作中的表现就是对卓越的坚持和执着。只有永远追求卓越而不满足的工作者，才能成为高效工作的创造者和工作质量的守护者，才更有机会获取下一个成功。

秉承了麦肯锡一贯的踏实作风的战略顾问胜间和代认为，只有不断地忘记过去的成功，并时刻以现在为起点，才能培养出开拓新竞争领域的构思能力。

对此，同为麦肯锡一员的大前研一深表赞同，他在《专业主义》一书中便曾这样呼应道："自我变革没有止境，它通过由先见到构思、再由构思到先见的不断循环得以实现。"

在麦肯锡工作多年后，胜间和代从众多麦肯锡咨询顾问身上发现了一个共同点，那便是：他们大多将追求卓越视为一种对未来的投资，并且都能认识到，这种投资不一定会在短时间内得到回报，但对于未来的职业生涯必然是有利的。为此，很多咨询顾问会在工作之余学习一些其他技能，比如，谈判礼义、演讲技巧等，从而丰富自己的学习生活，提升自己的综合能力。

麦肯锡最初的四大合伙人之一盖伊·克罗克特在麦肯锡创立之初便曾说过，"未来并不是突然降临的，而是以过去的点点滴滴为基础的，所以，在追求卓越的道路上，我们不能急促，当我们的积累达到一定程度时，一次又一次的成功便会接踵而来。"

为此，在为广大日本企业做咨询的过程中，胜间和代曾多次呼吁，将企业投资的三分之一留给那些能够发现"新大陆"的进步型人才。他认为，只有这样的员工才能够以"过去时"的心态去讨论过去的成功体验，并抱着一种追求卓越的心态分析现状，为企业作出不拘一格的贡献。

不满足于现状，亲自找出自己创办的事业的脆弱之处和死角，并通过改革而获得生命力，托马斯·韦尔奇把这种做法称为"自省"。企业领导者需要自省，同样地，普通员工一样需要不断自省。就像麦肯锡人所做的那样。

马文·鲍尔早在 1960 年便预言，"没有任何行业是可以一成不变的，管理咨询业也是如此，咨询顾问如果不能不断推动咨询方式和问题解决能力的进步，必然会走上一条不归路。"

工作中，追求卓越的过程，是一个臻于至善的过程。只有不骄不躁，以平常心对待过去的成功和失败，并以一颗进取心去面对未来，我们的努力才能起到成效。当然，我们也必须意识到，追求卓越，并不是一种苛刻的要求，而是时代发展的大趋势。要想成为职场中的精英，我们必须以最严格的标准要求自己。

在国内，多年来格力空调始终被业界视为时代的召唤者，在总裁董明珠的带领下，格力集团一直在寻求发展和突破的机会。而这种勇于开拓的精神，正是源自每一个格力人对工作精益求精的执着和不断地自我突破。

董明珠曾经对前来格力参观的美国 OAK 公司副总裁骄傲地说："严格的质量观念和要求不是格力硬塞给员工的，而是每一个格力人对自己的要求。"

事实确实如此，以格力员工王亚楠为例。2001 年初，当时的王亚楠还只是格力空调事业部的一名普通员工。他在安装机器外机外壳时发现，机壳螺丝钉上面的螺纹个数影响着螺丝钉的牢固程度。螺纹的个数越多，外壳的固定程度越高。

依照当时的国际标准，格力所用的螺丝钉螺纹数为 10 至 12 个，是完全符合要求的，对此，素以要求严格而著称的欧美国家都没有提出任何异议。然而，王亚楠却大胆猜测，如果提高螺纹数量标准，机器的质量岂不是更好？

最终，在王亚楠的推动下，格力空调事业部和相关事业部合作，终于通过更换螺丝钉材料，增加螺纹数，大幅提升了产品外壳的质量，无论高温还是严寒，格力空调外壳都不会有所松动。

获得领导和企业的褒奖之后，王亚楠并没有得意自满，而是继续踏实工作。在接下来的几年中，他又相继解决了空调装机流程改造和机器降噪处理等多项技术难题，为格力空调品牌和质量的提升作出了卓越贡献。而他也从最初的普通员工，一步步成长为格力生产线上最不可或缺的技术指导人才之一。

21 世纪以来，知识工作者的数量越来越多。然而，能够像格力人一样，以平常心对待成功的人却越来越少。我们必须明白，企业和市场始终是动态变化着的，因此，身在职场中的我们，也应随着环境的变化而不断提高自己。只有这样，我们才能避免成为企业发展的"过去时"。

在这个向往成功的年代，如果我们不甘于在辉煌过后走进沉寂，便必须学会荣辱不惊并坚持改变。就像麦肯锡北京分公司全球董事合伙人柯明逸所说的："谁想不被职场淘汰，谁就必须懂得不断创造成功并且忽略成功。因为只有这样不断向前，才能让一个人的全部潜能真正地释放出来。"

4.2　勇于尝试和突破，争做先行者

职场是没有硝烟的战场，在持续较量的每一个回合中，有些人擅长先发制人，有些人则习惯以逸待劳。有些人喜欢处处强势，有些人则更愿意以弱示人，并利用巧妙的时机攻其不备。那么，到底哪一种方式才是最理想的竞争选择呢？

在竞争无比激烈的咨询领域，麦肯锡人更喜欢做先发制人的挑战者。因为，先行者往往具备对手并不具备的时间优势，这一优势会帮助他们由行动上的第一过渡到全方面的第一，从而巧妙地利用环境有利于先行者的"马太

效应"为自己创造绝对先机。

麦肯锡人认为，先行者具备以下三方面的优势。

第一，资源优势。

先行者可以抓住短暂的无竞争时期，抢占甚至垄断资金和资源。

比如，在其他咨询公司和其他咨询顾问还没有踏足政府咨询业务的时候，麦肯锡华盛顿分公司的咨询顾问谢菲尔德发现，大企业能够影响政府的政策和监管决策。反过来，政府的政策和管理也将对企业产生巨大影响，这是个十分可观的全新资源体系。于是，他第一个尝试进入该领域，并帮助美国政府做一些财务整顿工作，当时，所有相关资源几乎都可以被他尽情利用，根本没有人与其争抢。

第二，主动权方面的优势。

一旦拥有某件事上的主导权利，我们便会占据有利的地位。

麦肯锡咨询顾问在进行咨询谈判时发现，率先发问的人，往往更具备谈话的主动权，也更容易主导一场谈话的内容和方向。而在谈判和签约过程中，这种主导权将给先行者带来无与伦比的宝贵优势，这种优势不仅会为日后咨询工作的顺利展开提供便捷，更会为公司创造出更多的附加价值。

第三，在行业标准上抢占优势。

众所周知，在行业标准的制定上，先行者往往拥有更大的主动权。

麦肯锡人在马文·鲍尔的号召下，力争永远做行业的开创者，争取时刻以先行者的身份，以麦肯锡的企业标准作为行业的技术质量标准，并引领咨询行业的发展。对此，麦肯锡全球资深董事倪以理曾以美国无线电公司举例论证道："美国的无线电公司正是凭借率先确定彩色电视机的标准而长期保持其在行业内部的绝对优势地位。麦肯锡想要基业长青，便也要如此。"

有人曾经说过，万无一失意味着止步不前，那才是最大的危险。为了避险，才去冒险，这样的行为是值得的。因此，我们必须像麦肯锡人一样，意识到作为一个先行者和挑战者的好处，并且勇敢地去作出突破和尝试，让自己成为一个能够抢占先机的先行者。

实际上，随着现代社会的快速变化，而且日益激烈的市场竞争也在客观上督促着我们，必须适应这种环境，并且在竞争中快速抓住机会。

1963 年，美国总统肯尼迪在达拉斯被恐怖分子袭击。巧合的是，当时与肯尼迪总统一起坐在车内的人中就有两位记者，一位是合众社的梅里曼·史密斯，另外一位就是美联社的托马斯·贝尔。

就在子弹射中肯尼迪的瞬间，史密斯立刻从车座上蹦了起来，一把抓起车中的唯一一部车载电话，熟练地拨通了合众社的电话，并在第一时间将消息以口头方式向合众社传达。虽然贝尔只比史密斯慢了几秒钟，并努力从史密斯手中抢夺电话，但史密斯就是拿着电话不肯放手。

最终，史密斯成为第一个发布总统遇刺消息的记者，合众社对社会舆论的影响力也在这次事件中得到了极大的提升。而仅仅因为慢了几秒钟，美联社就失去了一次绝好的机会，被对手抢了先机，托马斯·贝尔也因此失去了一笔足以照亮其整个职业生涯的财富。

新闻报道讲究时效性。很多时候，就是因为几秒钟的差距，产生的影响便是天壤之别，这是美联社在总统遇刺事件中得到的教训，又何尝不是向我们所有职业者敲响的警钟？在这个速度决定一切的时代，企业落后一步，便可能全盘皆输；员工落后一步，便可能永远给人打下手。

《孙子兵法》早有论断："先处战地而待敌者逸，后处战地而趋战者劳。"当我们勇敢地选择做一个先行者在最前面迎接挑战时，总会有一些自作聪明的人在后方默默观望，期望在吸取了"先烈"们用惨重的损失换来的教训后一飞冲天。然而，他们却不知道，自己确实避免了牺牲并获得了少量经验，而失去的，却是更为重要的，也可能是唯一的先机！

4.3 仰望星空，寻找新灯塔

现在，一部分人开始提倡"知足"，因为知足可以平衡心态、减轻压力。然而，这个世界就是这样，有提出者就有反对者。反对"知足"的人认为，这太消极了，影响进步。问题的关键在于，我们知足的同时还要学会不满足。就如鲁迅所说："不满是向上的车轮。"

百科全书式的哲学家亚里士多德对世界的贡献巨大，这都源于他的"不满足"，而且关于不满足，他曾讲过这样一个故事。

一位哲学家正在给学生们上课，快下课的时候，他问了一个问题："一种东西跑得比光速还快，能够瞬间穿越银河系，到达遥远的地方，这种东西是什么？"

学生们争着回答："是思想。"

哲学家笑着点点头："还有一种东西，跑得比乌龟还慢，当春花怒放时，它还在冬天里徘徊；当头发雪白时，它仍然是个儿童。这又是什么东西？"

学生们有点茫然。

"还有一种东西，不前进不后退，不出生不死亡，始终停留在一个点。你们谁能回答，这又是什么？"

学生们面面相觑，不知如何作答。

"实际上，这三种东西都是思想，只不过是思想的不同表现形式，从另外一个角度看，这也可以看做是三种人生。"哲学家进一步解释说："第一种是积极奋斗的人生。当一个人不断进取，勇于冒险，不断挑战自我的限度，这个人的心就不受时空限制，他就好比是一支射出的箭矢，总有一天会超越光速、超越万物。第二种是懒惰的人生，它永远跟在别人屁股后面，捡拾他人丢弃的东西，这种人注定会被遗忘。第三种是安于现状的人生。当一个人放弃努力、苟且偷安时，他就是麻木的。"

学生们恍然大悟：对待生活的态度，或进取或懒惰或麻木就决定了生命的高度和深度。

人生苦短，如何使自己的生命更有意义，态度至关重要。显然，亚里士多德选择了第一种人生，在生活中，不断尝试新鲜事物，不断挑战自己的极限。正所谓"世界属于不满足的人"。因为不满足，才会积极进取，才会不断冒险，接受挑战，最终超越自己。

只有永不满足，才会取得更多的辉煌。然而，只有当你坚信自己还有上升空间的时候，才一定不要满足地止步于当前。如果某些事，你已经尽了全力还是没有达到既定目标，那也不要过多地强求和自责。

人一定要有一个比较切合自己实际的自我期望值，当你达到了，你就必须学会知足，如果你认为这还不是你最终能力的展现，那你就可以不满足于当前的成绩，继续拼搏。

任正非指出，华为要成为世界级企业，就得产生一批优秀的思想家和战略家。华为不缺少英勇奋战的将军，但是如果企业只有英勇奋战的将军，没有正确的思想和方向，也是难以走向成功的。因此，任正非希望有更多的思想家出现，为企业发展作出正确的战略决策，从而构筑更加美好的未来。

那么，如何才能产生更多的思想家和战略家呢？任正非向华为人强调，一定要有全球视野，多仰望星空，从而产生正确的思想和战略。2014年，任正非在《华为IT存储产品线业务汇报会上的讲话》中指出：

"我们现在要仰望星空，要有正确的假设。未来要碰到石墨烯革命，要碰到量子革命，要碰到全光架构的系统，未来洞庭湖装不下太平洋。这样假设的情况下，怎么产生正确的思想？有了正确的思想，才有正确的方向；有了正确的方向，才有正确的理论；有了正确的理论，才有正确的战略。"

在任正非看来，别的国家之所以总是能有引领世界潮流的企业出现，如苹果公司、Facebook、特斯拉等，而我们国家却难以出现这样的企业，原因就是我们没有仰望星空，缺乏全球视野。企业在发展过程中，如果缺乏全球视野，就难以及时把握外面世界的状况，容易被市场所淘汰。

5. 互联网时代催生的学习社群

近几年，社群热才刚刚兴起。为了顺应社会的潮流和趋势，许多新媒体运营工作者纷纷加入学习社群建设的活动中。这其中，不乏一些比较出色的学习社群，包括罗辑思维、混沌大学、樊登读书会等。

5.1　罗辑思维

2012 年 12 月 21 日，伴随着罗辑思维公众号的开通以及第一期视频的上线，罗辑思维正式出现在大众视野。罗辑思维创始人及视频主讲人罗振宇，人称"罗胖子"，他倡导独立、理性地思考，推崇自由主义与互联网思维。在他带领下，罗辑思维由一款主打互联网自媒体视频的产品演变为一个互联网学习社群。

罗振宇所倡导的理念"有种、有料、有趣"吸引了一些人，他们选择加入罗辑思维，每天按时听罗振宇发的语音，逐渐将对罗振宇个人的认可转化为对罗辑思维社群的认可。这样的社群也吸引了越来越多的同伴者，"罗友"的数量急剧增长。

罗辑思维之所有能够让大众津津乐道，就是因为它能让很多不同的人产生连接。罗辑思维有一个"霸王餐"活动，即罗辑思维邀请全国各地的餐饮商家参与"霸王餐"活动，接着招募一批会员参加该活动，罗辑思维运营团队负责整个活动的组织。通过团队与商家的配合，"霸王餐"活动举办得非常成功。参与活动的商家因此获得了提升品牌与知名度的机会，而参与活动的会员则能够免费享受一顿大餐。这种新奇的体验方式，让不同的人群都连接在一起，并收获了良好的体验感。

创立初期，罗辑思维基本以罗振宇的语音、视频为主打，节目的主题和内容围绕"为你读书"来展开，罗振宇将这种"一人脱口秀"的形式坚持做了三年。尽管他也尽力想摆脱这种形式，但是一直没能成功。直到"得到APP"出现在大众视野，罗辑思维开始逐渐转型为互联网知识平台。目前，罗辑思维包括微信公众订阅号、知识类脱口秀视频节目《罗辑思维》、知识服务 APP"得到 APP"。当罗辑思维逐渐转向互联网平台媒体后，罗辑思维用过去完成的原始积累，摆脱了对社群成员的依赖，开始了新的商业模式。

5.2 混沌大学

随着李克强总理发出"大众创业 万众创新"的号召，各行各业都参与了进来，专门专注于创业和创新的学习型社群也应运而生。其中，尤以混沌大学为主要代表。

混沌大学是中国第一所也是最大的专注于创业和创新的非学位大学。它邀请世界上最优秀的学者和从业者进行教学，主要讲述互联网领域知识、分享创业实践干货和拓展创新思维，通过在线课程分享和线下自组织学习相结合，帮助创业者提高认知和掌握技能，为这个时代培养跨学科的创新人才。同时，他们还常将学习过程与投融资、人脉和资源对接等活动结合在一起。

根据其官方资料介绍，混沌大学主要有四个方面的特点[①]，具体如图7-1所示。

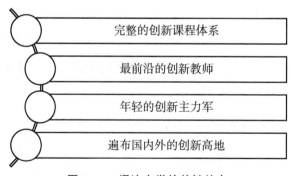

图7-1 混沌大学的关键特点

第一，完整的创新课程体系。混沌大学课程体系由创业营、创新院、研习社、商学院构成，涵盖创新理论、创新案例、商业经典等，以多元思维模

---

① 来源于混沌大学官网：https://www.hundun.cn/aboutus/。

型为抓手，通过听课、练习、反馈等在线学习全流程，拓宽认知边界，全面提升创新能力。

第二，最前沿的创新教师。在混沌大学授课的老师中，既有前沿科学家，如诺贝尔物理学奖获得者 Barry Barish、斯坦福大学物理学教授张守晟；也有顶级商学院教授，如哈佛大学商学院教授 John Quelch、北京大学教授周其仁、清华大学教授朱宁；更有中国最优秀的创业者和投资人也是经纬中国管理合伙人张颖、360 创始人周鸿祎、链家创始人左晖等。混沌大学的创办人李善友教授，曾是中欧国际工商管理学院创业学教授、创业营主持教授，也是中国最早进行创新教育的学者。他所讲授的"认知革命""颠覆式创新"等课程，是中国互联网创业领域最具影响力及深度的课程。

第三，年轻的创新主力军。混沌大学的学员以企业中高管和创业者为主。他们年轻、有活力，具有创新意识和深度思考的能力，是推动社会创新的主力军。其中，混沌创业营的学员包括字节跳动（今日头条）CEO 张一鸣、滴滴总裁柳青、好未来 CEO 张邦鑫、新东方董事长俞敏洪、猎豹移动 CEO 傅盛、得到 APP 创始人罗振宇、Keep 创始人王宁等走在前沿的创新者。

第四，遍布国内外的创新高地。除了线上课程以外，混沌大学还在国内外 15 个城市建设了城市学习中心，通过刻意练习、课程小灶、知识饭局、组团游学等方式为学员提供贴近性的学习服务，成为城市的认知高地。

5.3　樊登读书会

樊登读书会由央视节目主持人、MBA 资深讲师樊登博士于 2013 年发起，同年 10 月正式成立。其核心产品是为人们提供书籍的精华解读，即提炼一本书的核心内容，以视频、音频、图文等多种形式在樊登读书会 APP

上进行分享传播，使人们能够在短时间内理解书中知识，为现代人解决如何快速学习的烦恼。根据其官网资料显示，樊登读书会的使命是"帮助中国3亿人养成阅读习惯"，目标是"帮助那些没有时间读书、不知道读哪些书和读书效率低的人群每年吸收50本书的精华内容"。

在信息碎片化时代，读书已经成为一件奢侈的事，而樊登读书会这类学习社群以推荐书籍和知识导读为核心，帮助人们提高了学习效率，大大节省了知识获取成本，因此它们大受欢迎，赢得了不少流量。当下，读书类社群有很多，樊登读书会却从中脱颖而出，并成为全国最大的付费阅读社群。究其原因，主要有以下三点，如图7-2所示。

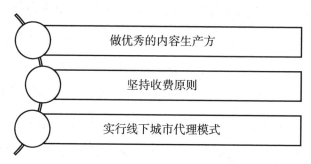

图7-2　樊登读书会成功的关键原因

第一，做优秀的内容生产方。樊登认为，好的内容不在于侵占用户的时间，而是帮助用户过好淡定从容的生活。内容一定要有可持续性，越做越轻松，越做越从容，才是好的内容生产方。绝大多数人都需要学习、需要读书，但是现代人特别是职场人士，可以坐下来读书的时间少之又少。樊登读书会切入个人的认知盈余空间，解决大多数人的痛点，帮助人们节省读书的时间，并从中获得解决现实难题的方法。樊登博士说："我希望，我讲的每一本书都要能让用户生活变得更幸福、更快乐。"因此，樊登读书会只讲三类书：事业、家庭和心灵启发。通过讲述一些工具性、实用性很强的东西，让读者能够快速接受并投入实践中。

第二，坚持收费原则。樊登读书会从一开始创立，就坚持收费原则。从第一个用户开始，收取年度会员费 365 元。樊登认为免费的东西，很多人不会珍惜，收费是一个筛选门槛，能把真正认同樊登读书会的人筛选出来。但是要想让用户愿意付费，那就又回到第一个问题——做优秀的内容生产方，只有产品足够好，才能让用户认可，实现用户数量的增长。

第三，实行线下城市代理模式。所谓城市代理是指，不同省份、城市的会员可以申请成为樊登读书会的代理，在地方设立分会。一方面，分会可以通过销售樊登读书会年卡的方式发展会员，获得利润分成；另一方面，地方分会也成为承载会员线下活动的重要组织。

6. 线上线下相结合，激发社群活力

目前，很多学习社群都是以线上线下相结合的方式来运营的，线上进行日常的学习任务，线下开展各种社交活动，增强大家之间的连接关系，实现相互监督、共同成长。同时，许多学习社群为了方便成员进行线下交流，还会在各个城市建立一些分会，以提升社群的活跃度。

6.1　创造社群成员之间的交叉连接

只有建立起社群成员之间的交叉连接，才能建立起情感认同，激发社群活力。所谓交叉连接，是指社群成员除了平时的学习交流之外，还慢慢深入到对方的生活里，互相了解更多的信息。这种深度连接能够让社群成员之间进行更多的互动。

创造连接的方式有很多，包括策划线上主题活动、组织线下交流活动、进行有奖问答的小游戏等。以前，我们可能是通过工作关系、电话、邮件产生一些连接，能够娱乐的方式也比较少。而如今，互联网如此发达，我们有很多社交工具，如微信、微博、QQ等。利用这些社交工具，我们可以开展各种各样的娱乐活动，大大降低了人们之间产生连接的难度。尤其是在当今时代，每个人的创意都是无穷无尽的。学习社群可以发挥不同人的才智，创造社群成员之间的交叉连接。总之，只要大家连接多了，就有情感认同，进而产生深度交流，创造新的可能。

为了增加学员之间的多维连接度，秋叶PPT为学员们提供了多种交叉连接的方式，比如小窗答疑指定辅导老师、参加大促活动赠送图书、优秀学员单独小群、优秀作业颁发证书、微博提供作业多位老师一一进行点评、21天训练营在线辅导等。

在知识经济时代，上同一堂课、学习同一本书、参加同一项社会活动、一起去旅游等都是创造连接的方式。有些社群之所以能够吸引越来越多的人去关注，就是在不断地创造新鲜的连接方式。只有当社群里的每个人都在努力创造连接，主动回应别人的分享，并分享自己的生活，整个社群的活跃度才会越来越高。

6.2 做高质量的在线分享活动

做一场线上分享活动是很多学习社群保持高活跃度的常用手段。一般来说，线上分享活动包括邀请大咖做线上主题分享或者内部成员进行线上话题讨论，一方面是为了提升社群活跃度，另一方面也通过在线分享活动吸引更多人的关注，增加粉丝量。邀请嘉宾做主题分享与内部成员进行话题讨论尽管都属于线上分享活动，但是两者还是有很大区别的，具体如表 7‑1所示。

表 7‑1　　　　　　　　　线上主题分享与话题讨论的区别

维度	主题分享	话题讨论
人员	以主题分享者为主，在特定阶段有时间让其他成员发表自己的看法	指定一人为话题引导者，所有成员都是分享者
内容	分享前界定主题，主题分享者根据主题准备自己擅长的内容	大家会不自觉地分享自己感兴趣的话题，容易偏离主题
参与度	如果分享者准备的内容质量不高，容易挫伤成员们的参与积极性	如果大家对话题感兴趣，参与度就会很高

为了保证在线分享活动的质量，我们需要考虑活动分享开始前、分享进行中、分享结束后的一些环节，具体如图 7‑3所示。

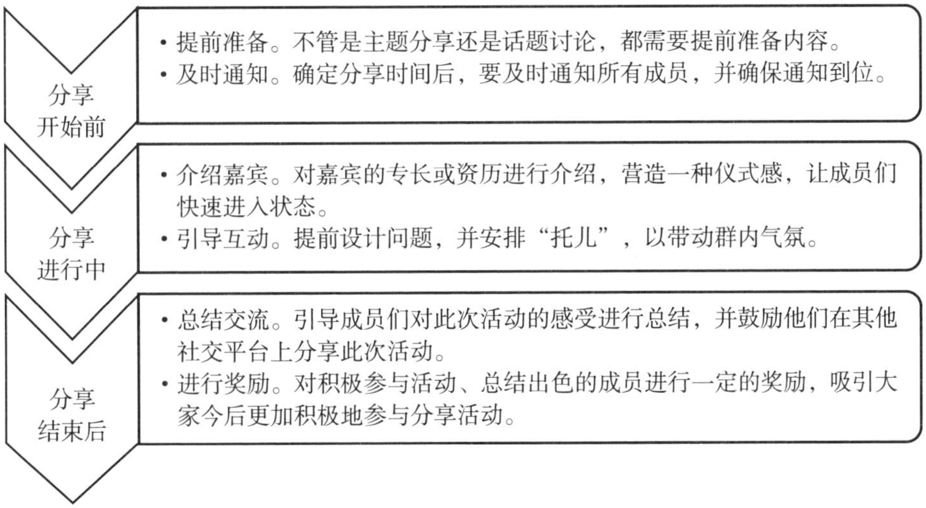

分享开始前
- 提前准备。不管是主题分享还是话题讨论，都需要提前准备内容。
- 及时通知。确定分享时间后，要及时通知所有成员，并确保通知到位。

分享进行中
- 介绍嘉宾。对嘉宾的专长或资历进行介绍，营造一种仪式感，让成员们快速进入状态。
- 引导互动。提前设计问题，并安排"托儿"，以带动群内气氛。

分享结束后
- 总结交流。引导成员们对此次活动的感受进行总结，并鼓励他们在其他社交平台上分享此次活动。
- 进行奖励。对积极参与活动、总结出色的成员进行一定的奖励，吸引大家今后更加积极地参与分享活动。

图 7‑3　在线分享活动需要考虑的环节

6.3 组织社群成员开展线下活动

要想激发社群活力，延长社群的生命周期，除了做高质量的在线分享活动以外，还要组织线下活动，从而扩散社群知名度，打造社群品牌，增强用户黏性。尤其是对于线上社群来说，线下活动的重要性不言而喻。很多学习社群通过打通线上到线下的互动连接，都取得了不错的效果，如罗辑思维、樊登读书会等。社群成员在面对面的交流中，容易产生很多合作的机会，与其他人建立良好的朋友关系。由此，社群中的人之间或多或少就有了隐形的连接。

在组织每次线下活动前，首先需要明确活动开展的目的，只有有针对性地开展活动，才能吸引更多目标人群的关注，提升社群的影响力。其次，在活动的主题上需要多加斟酌，高质量的活动才能塑造良好的社群品牌形象。不能单纯将见面聊天作为线下活动开展的主要内容，这样的线下活动对参与者的吸引力是远远不够的。只有做出高质量的内容，参与者才会期待下一次的活动开展。俗话说，细节决定成败，从活动开展前到活动结束，把所有细节做到位，让所有参与活动的人都能感受到主办方的用心，如此一来，社群的良好口碑就会吸引更多的人。

很多学习社群只有开展线上活动的经验，对于组织线下活动不是很了解。在组织社群成员开展线下活动时，需要对以下几点加以注意。

（1）与有影响力的人展开合作

如果社群运营者能够链接到有影响力的人，并与其展开合作，这将会大大提升社群的品牌形象和影响力。这些有影响力的人，通过分享更多有价值的、高质量的知识和经验，不仅能够吸引更多的人来关注社群，提升社群活跃度，同时也是在为他们自己塑造个人品牌。

（2）选择合适的场地

在选择场地时，通常需要考虑场地设备、费用、周边环境等。场地费用在线下活动费用中占比相对较大，因此，选择合适的场地至关重要。一般来说，寻找场地资源可以从四个方面入手：第一，咨询身边有活动经验的人。这种方式可以更加快速地找到合适的场地。第二，选择免费场地。政府或企业会提供专门组织公益活动的场地，我们可以按照流程去进行申请。第三，寻找平价收费场地。目前，很多书店或者咖啡馆在进行商业经营的同时，也会预留一些举办活动的场地。这些场地一般收费不会很贵，也能让活动参与者感受到不一样的氛围。

（3）吸引赞助方的合作

学习社群在组织线下活动时，如果能与一些赞助方合作，就能节省不少费用。在寻找合适的赞助方时，需要注意几点：一是做好充分的资料准备。不管是社群简介，还是活动内容，都需要很好地展示出来，这有利于吸引赞助方的眼球，促进双方合作的展开。二是理清己方的需求。在拉赞助商之前，有必要弄清楚活动需要哪些方面的赞助商，如果随意拉赞助，反而会降低活动对赞助商的吸引力。

参考文献

［1］蒋跃瑛．企业大学从 0 到 1：800 天打造企业学习力和学习场．北京：电子工业出版社，2017．

［2］李发海，章利勇编著．组织发动机：中国企业大学最佳实践．北京：电子工业出版社，2015．

［3］悦扬，李殿波，余雪梅．企业经验萃取与案例开发．北京：机械工业出版社，2017．

［4］邱昭良．复盘＋：把经验转化为能力．北京：机械工业出版社，2015．

［5］焦建利，王萍编著．慕课：互联网＋教育时代的学习革命．北京：机械工业出版社，2015．

［6］秋叶，邻三月，秦阳．社群营销实战手册：从社群运营到社群经济．北京：人民邮电出版社，2018．

［7］段磊，杨奕，樊祎编著．企业大学最佳实践与建设方略．北京：中国发展出版社，2013．

［8］彼得·圣吉．第五项修炼：学习型组织的艺术与实践．张成林，译．北京：中信出版集团，2018．

［9］迈克尔·J．马奎特．学习型组织的顶层设计．3 版．顾增旺，周蓓华，译．北京：机械工业出版社，2016．

［10］埃尔伍德·霍尔顿主编．在组织中高效学习：如何把学习成果转化为工作绩效．沈亚萍，刘争光，李冲，译．北京：机械工业出版社，2015．

［11］稻盛和夫．阿米巴经营．曹岫云，译．北京：中国大百科全书出版社，2016．

［12］鲍勃·派克．重构学习体验：以学员为中心的创新性培训技术．孙波，庞涛，胡智丰，译．南京：江苏人民出版社，2015．

［13］罗伊·波洛克，安德鲁·杰斐逊，卡尔霍恩·威克．将培训转化为商业结果：学习发展项目的6Ds法则．3版．学习项目与版权课程研究院，译．北京：电子工业出版社，2017．

［14］伊莱恩·碧柯主编．ATD学习发展指南．2版．顾立民，等译．北京：电子工业出版社，2016．

［15］罗宾斯等．管理学．7版．李自杰，等译．北京：机械工业出版社，2013．

［16］彼得·德鲁克．成果管理．朱雁冰，译．北京：机械工业出版社．2006．

［17］大岛祥誉．麦肯锡工作法．王柏静，译．北京：中信出版社，2014．

［18］迈克尔·霍恩，希瑟·斯泰克．混合式学习：用颠覆式创新推动教育革命．聂风华，徐铁英，译．北京：机械工业出版社，2017．

［19］马克·艾伦．企业大学手册：设计、管理并推动成功的学习项目．饶晓芸，译．南京：江苏人民出版社，2013．

［20］伊布雷兹·泰里克．企业培训与发展的七个趋势：保持员工需求与组织目标一致的策略．杨震，颜磊，译．南京：江苏人民出版社，2017．

图书在版编目（CIP）数据

能力变现：从个体赋能到组织绩效提升 / 孙科柳，刘佳明著 . -- 北京：中国人民大学出版社，2020.3

ISBN 978-7-300-27470-6

Ⅰ.①能… Ⅱ.①孙… ②刘… Ⅲ.①企业管理－研究 Ⅳ.① F272

中国版本图书馆 CIP 数据核字（2019）第 208842 号

能力变现——从个体赋能到组织绩效提升

孙科柳　刘佳明　著

Nengli Bianxian — cong Geti Funeng dao Zuzhi Jixiao Tisheng

出版发行	中国人民大学出版社	
社　　址	北京中关村大街 31 号	**邮政编码**　100080
电　　话	010－62511242（总编室）	010－62511770（质管部）
	010－82501766（邮购部）	010－62514148（门市部）
	010－62515195（发行公司）	010－62515275（盗版举报）
网　　址	http://www.crup.com.cn	
经　　销	新华书店	
印　　刷	涿州市星河印刷有限公司	
规　　格	170mm×230mm　16 开本	**版　次**　2020 年 3 月第 1 版
印　　张	18 插页 3	**印　次**　2020 年 3 月第 1 次印刷
字　　数	215 000	**定　价**　59.80 元